KB259874

하나님이 키우신다
GOD Schooling

# 하나님이 키우신다 GOD Schooling

신앙과 양육에 관한 열한 가지 묵상

ⓒ 모지현 2018

초판 1쇄    2018년 11월 9일

| | | | | |
|---|---|---|---|---|
| 지은이 | 모지현 | | | |
| 캘리그라피 | 한예린·한예서 | | | |
| | | | 펴낸이 | 이정원 |
| 출판책임 | 박성규 | | 펴낸곳 | 도서출판 들녘 |
| 편집주간 | 선우미정 | | 등록일자 | 1987년 12월 12일 |
| 디자인진행 | 김정호 | | 등록번호 | 10-156 |
| 편집 | 박세중·이동하 | | | |
| 디자인 | 조미경·김원중 | | 주소 | 경기도 파주시 회동길 198 |
| 기획마케팅 | 나다연 | | 전화 | 031-955-7374 (마케팅) |
| 영업 | 이광호 | | | 031-955-7381 (편집) |
| 경영지원 | 김은주·장경선 | | 팩스 | 031-955-7393 |
| 제작관리 | 구법모 | | 이메일 | dulnyouk@dulnyouk.co.kr |
| 물류관리 | 엄철용 | | 홈페이지 | www.dulnyouk.co.kr |

| | | | |
|---|---|---|---|
| ISBN | 979-11-5925-368-3 (03230) | CIP | 2018033694 |

이 도서의 국립중앙도서관 출판예정도서목록(CIP)은 서지정보유통지원시스템 홈페이지(http://seoji.nl.go.kr)와 국가자료공동목록시스템(http://www.nl.go.kr/kolisnet)에서 이용하실 수 있습니다.

값은 뒤표지에 있습니다. 파본은 구입하신 곳에서 바꿔드립니다.

신앙과 양육에 관한 열한 가지 묵상

# 하나님이 키우신다
## GOD Schooling

모지현 지음

푸른들녘

저는 고등학교 역사 교사로 재직하던 중에 주님을 인격적으로 만난 이후 성령님께서 이끄시는 길대로 가기 위해 하루하루 충성하려고 노력하는 지극히 평범한 신앙인입니다. 주님을 만났던 그때, 저는 학교에서 퇴근한 뒤 밤 늦게부터 새벽까지 골방에서 기도하곤 했습니다. 그렇게 기도를 해야 살 수 있었습니다. 옷과 머리를 단정하게 하고 기도 장소에 들어가 무릎 꿇고 기도해도 몇 시간만 지나면 제 모습은 어김없이 난장판이 되곤 했습니다. 머리는 풀어헤쳐지고, 화장은 눈물로 다 번지고, 옷은 구겨지고, 목은 다 쉬어 있기 일쑤였습니다. 기도할 때마다 제 자신이 지은 죄가 기가 막혀 가슴을 쥐어뜯으며 통곡해야 했기 때문입니다. 고3 담임을 맡던 중이라 혹시 너무 피곤해 기도를 못하고 잠이 들면 성령님께서 전화벨을 울리셔서 깨우시기도 했습니다. 벨이 울려 전화를 받아보면 아무 목소리도 들리지 않았고, 놀라서 시계를 보면 기가 막히게도 기도 시간이었습니다. 그럴 때면 일어나 기어서 골방으로 가곤 했습니다.

학교에서도 공강시간이나 점심시간, 사람이 없는 곳에서는 계속 기도를 했습니다. 혹시 주님이 떠나셨을까 두려워하며, 음성을 들려주심에 감사하며, 시험을 앞둔 제자들을 위해 기도했습니다. 어떤 날은 울어 눈이 퉁퉁 부은 채 수업에 들어가서 제자들을 놀라게 만들기도 했습니다. '제자가 하늘나라에 가서 선생님이 그렇게 우는 거다'라는 소문이 돌아 반장이 와서 저를 위로해주고 간 적도 있습니다. 지금 생각해보면 저를 쓰시고자 뜨겁게 몰고 들어가시기 시작했던 성령님의 은혜의 역사였습니다.

그 이후 주님은 사립학교에 입학시켜 세상적으로 남부럽지 않게 교육시키던 아들의 초등학교를 그만두게 하셨습니다. 그리고 임용고사를 통과해 교단에서 나름대로 실력 있는 교사로 인간적 명성을 쌓아가던 저 또한 그 길에서 돌이키게 하셨습니다. 한동안 떨어져 있던 사람들은 그 소식을 들으면 모두 당황해하며 어떻게 반응해야 할지 잠깐씩 고민합니다. 일반적인 사람들이 선택하는 길과는 조금 다른 길을 가고 있으니 그럴 것입니다. 그렇게 좋은 직장을 그만두었다고 질책하시는 친척 어르신들, 선생님이 그만두시면 어떻게 하느냐는 제자나 동교 교사들의 안타까워하는 반응 속에서, 그래도 그동안 쌓아왔던 노력이 헛된 것만은 아니었구나 생각해 정말 감사하기도 합니다. 때로는 그동안의 보람들을 생각하면 교단에서 새로운 친구들을 만나는 것을 포기한 것이 속상하기도 합니다.

하지만 그 대신 저를 통해 제 아들을 가정에서 신앙이 기초가 된 교육을 하게 하신 것은, 저나 제 아들에게 가장 좋은 것을 예비해주신 놀라운 주님의 섭리이셨습니다. 이 과정에서 저는 다양한 부모님들과 다양한 아이들을 만나게 되었고, 자녀 교육을 하나님의 방법대로 하는 것이 결과적으로는 부모와 자녀 모두에게 가장 선한 것임을 확신하게 되었습니다. 그러면서 이러한 자녀 교육의 기쁨을 신앙과 세상의 가치관 사이에서 방황하는 자녀들과 함께 나눌 수 있길 기도하게 되었습니다.

그러던 중 주님의 은혜로 역사 교사를 하면서 쌓아온 노하우를 세계사 책으로 펴낼 수 있었고 그를 통해 신앙 깊은 부모님들을 만나 고민을 들을 수 있었습니다. 그분들의 큰 소망 중 하나는 자녀들이 성경'만'을 읽어도 세상적으로 높임을 받을 수 있으면 좋겠다는 것이었습니다. 그러나 안타깝게도 그렇게만은 살 수 없는 것이 현재 '세상'입니다. 그를 통해 세상에서도 높임 받은 드라마틱한 간증들—예를 들어 영어로 된 성경만을 읽었더니 영어의 천재가 되었다—이 많아 그걸 따라 해보겠다고 덤벼들기도 하지만 그러기에는 부모의 신앙이 그런 부모들의 뿌리 깊은 신앙을 따라가는 것부터 버겁기만 합니다. 사실 믿는 아이라 할지라도 세상 속에서 살아야만 하는 것이 현실이지요. 세상의 지식 또한 학문이라는 이름으로, 기술, 대중문화라는 이름으로 습득해야 하고 말입니다.

그러나 이처럼 세상 속에서 살아야 함에도 불구하고 세상이 믿음의 자녀들 속에서는 살지 못하도록, 그들 안에서는 복음이 살아 역사하도록 주님의 뜻에 따라 자녀를 키워야 하는 것이, '믿는 부모'의 사명일 것입니다. 그러려면 자녀들이 세상 속에서도 하나님을 발견하고 주님의 뜻을 찾아낼 수 있는 자, 혹은 하나님께서 기뻐하시지 않는 것을 찾아 그것들로부터 자신들을 구별해낼 수 있는 자, 그를 통해 모든 세상이 주님의 주권 하에 있다는 것을 깨닫고 세상 지식 또한 말씀을 통해 배워 성령님의 음성에 따라 사는 자로 변화되기를 많이 기도해야 하며, 양육 방법 또한 부모들이 배워야 합니다. 그렇게 부모들이 하나님을 온전하게 믿는 믿음으로 아이들을 키울 때 아이들은 부족한 부모가 키워가는 것이 아닌 완전하신 주님께서 키워주심으로 온전하게 자라게 되는 것 아닐까요?

그런 마음으로 부모님들과 이야기하면서 그리고 양육에서의 조언을 구하는 제자들의 바람 속에서 아들을 교육하면서 느끼고 깨달았던 것들을 같이 나누고 싶은 마음을 강하게 주셨습니다. 성경과 세상의 다양한 지식을 통해, 그리고 저의 생활과 다양한 사람들의 삶을 통해 믿는 부모로서 주님께서 기뻐하시도록 자녀를 키워내는 것을 자녀 교육에 대해 고민하는 많은 믿는 부모님들, 그리고 그들의 자녀들과 함께 나누고 싶었습니다.

주님을 만난 후 시야가 넓어지면서 제가 역사를 사랑하는 이유는 조금 더 깊어졌습니다. 제 책에서도 고백했던 것처럼 예전에 역사를 사랑했던 것은 그 역사 속의 흐름을 살피면서 그 맞아떨어짐을 아는 것이 재미있었고 그를 통해 법칙을 알게 되어 세상을 해석해내는 것으로 제 스스로 만족할 수 있었습니다. 좀 더 적극적으로는 제 작은 삶 가운데에서 그 역사의 흐름을 바꿀 수 있을 것 같은 기대감도 좋았습니다. 지금도 그 관점은 변함이 없습니다. 하지만 영적인 눈이 뜨인 뒤 역사를 알면 알아갈수록 주님께서 사람을 너무나 사랑하셔서 직접 인간의 역사에 간섭하셨다는 사실, 그리고 지금도 그러하시다는 사실에 정말 놀랐습니다. 그러한 주님의 사랑에 감사하면서 그 섭리를 신뢰하며 세상을 보는 것이 굉장히 기쁩니다. 그런 지혜를 가지고 기도하여 세상을 변화시킬 수 있다는 소망이 가슴을 뛰게 합니다.

제가 사랑하는 '역사'라는 학문, 주님께 기도로 받아 기록되었을 대가들의 많은 작품, 무엇보다 성령님의 감동으로 기록된 성경 말씀 이 모든 것들이 자녀들을 주님 뜻 안에서 제대로 키워낼 수 있는 보물임을 믿습니다. 그래서 어쩌면 무모한 시도일 수도 있는 이 작업을 시작하게 되었습니다. 전 사실 이런 작업을 하기에는 세상에 내놓을 자랑과 지위가 없습니다. 문학적, 신학적으로도, 혹은 역사적, 교육학적으로도 전문가들에게는 미칠 수 없는 한없이 부족한 식견에 이런 양육서 내는 것을 많이 주저했습니다.

그럼에도 주님의 음성을 듣고 그에 순종하여 대한민국의 대다수 부모와는 조금 다른 교육을 하는 부모로서, 또한 자녀들을 신앙 안에서 키워내고 싶어 하는 부모들의 소망이 이루어짐을 하나하나 체험해가고 있는 신앙인으로서, 그리고 사랑하는 제자들의 믿는 부모로의 자람을 보고 싶어 하는 선생님으로서, 주님의 강권하심에 따라 그분의 역사하심을 믿으며 그동안 해왔던 생각과 실천들을 믿는 부모들과 나누고 싶습니다. 물론 인간적인 모지현의 지식으로 채우기에는 부족한 부분이 많겠지만, 완전하신 아버지께서 성령님의 지혜로 그것들을 채우시며 완성시켜주실 것을 믿습니다. 세상과 신앙 교육 속에서 주님 주신 거룩한 부담으로 고민하는 모든 부모님들과 자녀에게, 주님께서 부어주시는 은혜가 이 책을 통한 하찮은 고백들을 통해서도 역사하실 수 있길 소망합니다. 또한 언제 어디서든 주님께서 명령하신 성결함과 거룩함 속에 거하는 능력을 자녀들에게 가르치는 가정이 이 책을 읽는 분들의 마음에서부터 터를 닦고 든든한 건물로 자라나기를 소망합니다.

예수님께서 명령하신 대로 사마리아 땅 끝까지 복음을 증거하는 것은 믿는 자들의 사명입니다. 부모들에게 있어 주님 주신 사마리아 땅 끝은 어쩌면 저를 통해 죄악이 흘러간 제 자녀의 마음 밭일 수도 있습니다. 그럴진대 그들의 삶에 신앙이 온전하게 뿌리박힐 수 있도록, 그리하여 육으로만 자녀를 낳은 것이 아닌 영으로도 온전하게 자녀를 낳고 키울 수 있도록 믿는 부모들은 더욱 무릎을 꿇고 고민하고 울어야 할지도 모르겠습니다. 이런 저의 고민을 믿고 이해하고 기다려주신 푸른들녘 가족들과 저를 위해 밤낮으로 기도해주시는 사랑하는 사람들에게 감사함을 전합니다. 무엇보다 이 모든 영광을 지금도 살아 역사하시는 사랑과 은혜가 풍성하신 참 좋으신 하나님만 받으시기를 진심으로 소망합니다.

2018년 초겨울
하은 모지현

일러두기

† 특별히 표기하지 않은 본문 성경 말씀은 『개역개정』 성경을 인용한 것임을 밝혀둡니다.

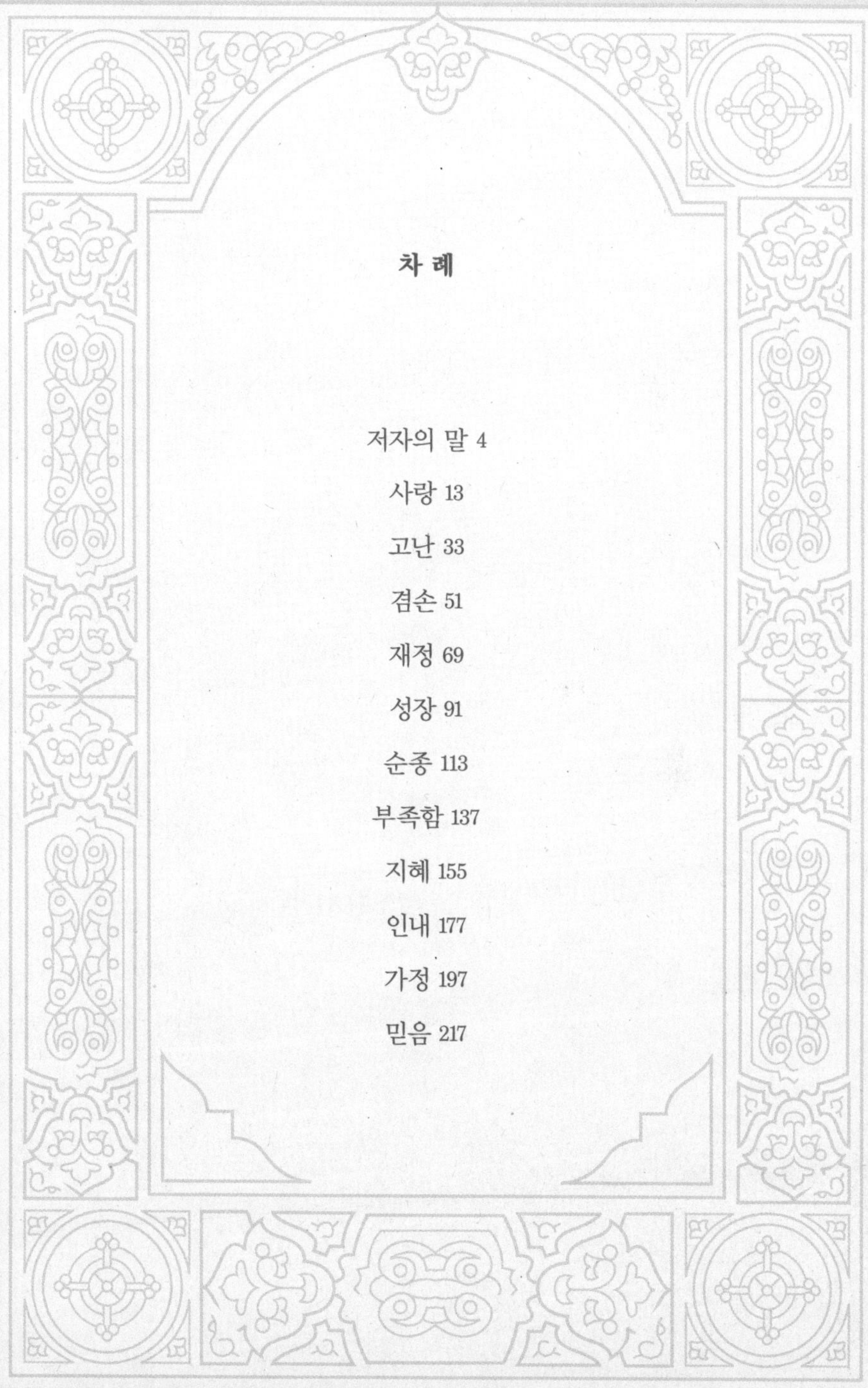

# 차 례

# 사랑

만물의 마지막이 가까이 왔으니
그러므로 너희는 정신을 차리고 근신하여 기도하라
무엇보다도 뜨겁게 서로 사랑할지니 사랑은 허다한 죄를 덮느니라
(베드로전서 4장 7~8절)

우리 부모님은 우리를 사랑하셨습니다. 우리 또한 우리 자녀들을 사랑합니다. 사랑한다는 말처럼 말을 하는 사람에게도 듣는 사람에게도 아름답고 가슴 뛰고 혹은 먹먹해지는 말이 또 있을까 싶습니다. 사랑할 수 있는 대상은 천차만별입니다. 아침 햇살 눈이 시릴 만큼 푸르게 웃음을 웃는 나무들, 저녁 하늘 노을로 물드는 눈처럼 흩날리는 꽃잎들, 흰 눈 사이에서 장하게 살아내는 풀잎들, 계곡과 녹음, 바다와 그 장엄한 자연 풍광들, 그리고 하나님께서 사람들에게 주신 지혜로 빚은 수많은 걸작들. 그런 것들이 이렇게나 사랑스러울진대 하물며 하나님의 형상으로 빚어진 사람들은 그 얼마나 존귀한 존재이겠습니까? 하나님을 그대로 닮게 만들어진 사람은 "하나님은 사랑이시라(요한복음 4장 16절)"라는 말씀에 비춘다면 그야말로 사랑하는 존재일 수밖에 없습니다. 아니 어쩌면 사랑해야만 살 수 있는 존재일지도 모르겠습니다.

하지만 요즘 사람들은 마음껏 사랑하는 것도 버겁게 느낄 정도로 힘든 삶을 살아내는 듯합니다. 사랑에서 오는 평안함이나 위로를 위해 감내해야 하는 긴장감이나 인내심이 소모적이라고 생각합니다. 그 소모전에 자신의 시간이나 감정을 낭비하는 것이 손해라고 생각해 사랑의 유익을 포기합니다. 그것은 결혼으로 이어지는 남녀 사이의 사랑뿐 아니라 심지어 자녀에게까지 확장됩니다. 자녀를 내 인생의 아주 작은 일부와도 바꿀 만한 가치가 없다고 여기고, 인생의 목표 달성에 있어 거치적거리는 장애물 정도로 생각해 아예 출산을 생각지 않기도 합니다. 물론 이 모든 현상의 밑바탕에 연애, 결혼, 출산을 고려할 수조차 없는 팍팍한 경제 사정이 한몫 단단히 하고 있음을 무시할 수는 없습니다.

저는 어렸을 때부터 책을 참 좋아했습니다. 초등학교 고학년 때 이미 각종 추리 소설과 『죄와 벌』, 『데미안』 기타 등등의 클래식 명작까지 엄청 읽어댔던 기억이 납니다. 그땐 왜 그랬는지 알 수 없었지만 지금 생각하면 이미 제 안에는 채워지지 않는 무언가로 인한 갈망이 있었고, 그 빈자리를 막대한 양의 독서로 채우려고 했던 것 같습니다. 어쩌면 지금처럼 글을 쓰는 사람으로 사용하시기 위한 주님의 큰 그림이었을지도 모르겠습니다. 그런 제게 좋아하는 책을 물으면 대답하기가 무척 곤란했습니다. 하지만 가장 싫어하는 책에 대해서 물으면 주저 없이 "안데르센의 『인어공주』예요"라고 대답하곤 했습니다.

전 어릴 때 뿐 아니라 꽤 자라서까지도 거기에 나오는 주인공들을 당최 이해할 수 없었기 때문에 『인어공주』를 싫어했습니다. 인간 왕자를 사랑해서, 자기가 물거품이 되는 것도 마다하지 않았던 인어공주의 말도 안 되는 희생과, 자기를 구해준 사람이 바로 옆에 있음에도 다른 누군가를 계속 찾고 있는 왕자. 거기에 제가 가장 이해할 수 없는 이웃 나라 공주. 자기가 구해주지 않았음에도 왕자가 "당신이군요"라고 말했을 때 '뻔뻔하게' 아름답게 웃고 있었을 공주의 마인드를 이해하기 힘들었습니다. 그렇게 써 내려간 안데르센의 상상력을 정말 이해할 수 없었고 절대 그런 사랑은 하지 않겠다고 생각했습니다. 그런데 저만 그런 생각을 했던 게 아니었나 봅니다. 결국 인어공주는 디즈니에 의해 재탄생해 목소리를 찾은 인어공주가 자신의 지위를 떳떳하게 밝히고 "그리고 왕자님과 공주님은 행복하게 살았답니다"라는 해피엔딩을 맞게 되었으니까 말입니다.

주님을 만나고 성령님과 동행하는 삶을 살며 아들과 신앙 교육을 시작했습니다. 그때 우연찮게 『인어공주』를 다시 읽게 되었습니다. 그런데 놀랍게도 주님을 만난 후 다시 만난 『인어공주』는 그동안 제가 머리와 생각으로 읽었을 때의 그것과 완전히 달랐습니다. 예전에는 무언지 모르게 화가 나서 읽기 싫었던 모든 장면이 정말 이상하게도 가슴 먹먹함으로 다가왔습니다.

특히나 그때 저는 저를 통해 주님 앞으로 인도된 후배로부터 의도치 않게 받은 상처로 마음이 찢기는 시간을 지나고 있었습니다.

제 안에 계신 성령님으로 인해 삶이 환해지고 소망이 생기고 그리하여 기뻐 뛰던 후배는 제가 알려준 작은 교회 대신 크고 화려하고 멋진 외형을 가진 교회를 선택했습니다. 그리고 그곳에서의 공연에 버금가는 예배 모습과 세련되고 정련된 목회자의 모습을 본 후 그것이 자신을 살렸다고 했습니다. 그런 후배의 이야기를 들으며 저는 가슴이 찢어짐을 맛보았습니다. 그는 어두운 인생의 터널을 통과하도록 도와준 그것이 자신이 인정할 수 있을 만큼 멋지지 않았기에 그곳을 부정하고, 자신이 인정할 만한 멋진 곳을 생명의 은인으로 찾았습니다. 그런 후배로 인해 가슴이 너무 아팠고, 그러다 보니 저도 모르게 그 후배에게 섭섭한 마음이 들었던 겁니다.

그런 때 주님은 저를 인어공주와 다시 만나게 해주셨습니다. 하지만 한 구절 한 구절 가슴 저리게 읽어 내려간 그 안에서 제가 진짜로 본 것은 인어공주가 아니었습니다. 제 눈이 가려져 있던 동안 알아볼 수 없었던 그 안에 겹쳐 있는 예수님의 모습과 저의 지독히도 자기중심적인 교만과 두려움이었습니다.


저희가 믿는 예수님은 하나님과 똑같이 높은 분이셨습니다. 하지만 결코 높은 자리에 있기를 원하지 않으셨습니다. 오히려 높은 자리를 버리시고, 낮은 곳으로 임하셨습니다. 사람의 모습으로 이 땅에 오시고 종과 같이 겸손한 모습을 취하셨습니다. 이 땅에 계신 동안 스스로 낮은 자가 되시며, 하나님께 순종하셨습니다. 예수님은 목숨을 버려 십자가에 달려 돌아가시기까지 하나님의 말씀을 따른(빌립보서 2장 6절~8절 『쉬운성경』) 사랑과 겸손 그 자체이신 분입니다. 우리 모두를 위해 낮고 낮은 이곳에 오셔서 죽으셨기에, 그걸 믿는 우리는 생명을 얻고 구원을 받고 살 수 있습니다. 예수님께서 치러주신 십자가의 고통이 없었다면 우리는 반드시 거쳐야 하는 사망 때문에 항상 두렵게 살 수밖에 없을 것입니다. 예수님께서 질병과 고통을 대신 짊어주시지 않으셨다면 우리는 영육간의 치유를 받을 수 없을 것입니다. 예수님께서 달리신 갈보리 산에서의 피 흘리신 능력이 없었다면, 우리는 우리를 절망과 우울함으로 공격하는 사탄의 정죄함으로부터 자유롭지 못했을 것입니다.

그러나 우리는 눈이 가려지고 귀가 어둡고 마음이 돌밭이어서 우리 생명의 진짜 은인을 깨닫지 못하는 것 같습니다.

항상 우리를 바라보시고 자녀 삼아주셔서 우리와 함께 계시는 것만으로도 기뻐하시는 그분. 그렇게 고통스러운 십자가의 죽음을 지워드린 우릴 사랑하셔서 우리 옆에 우리 안에 계시며 우리가 아플 때 같이 아파하시고 울 때 같이 울어주시는 그분. 행여나 우리가 어둠 속에서 길을 잃을까 몸소 등불이 되셔서 길을 비추시고, 광야에서 목이 마를까 영원히 마르지 않는 생명수가 되어주시는 그분. 혹여 우리가 폭풍 속에서 낙망할까 말씀으로 광풍까지 잠잠케 하시며, 졸지도 쉬지도 않으시고 우리를 품으시고 보호해주시는 그분. 그분은 우리 옆에서 항상 "사랑한다"라고 말씀하시지만 우리 귀는 세상의 달콤한 유혹의 소리를 향해서만 열려 있어 그 음성을 잘 듣지 못합니다. 마치 목소리를 잃어버린 인어공주가 왕자님을 사랑한다고, 목숨을 구해준 사람이 자신이라고 속으로 아무리 외쳐도 왕자가 그 말을 들을 수 없는 것과 같습니다. 그런 인어공주를 알아보지 못하고 생명을 구해준 대상을 찾아다니는 어리석은 왕자가 그 후배만이 아닌 저를 포함한 '우리 모두'인 겁니다.

어리석은 왕자인 우리는 예수님 대신 돈이 우리를 구해줄 것 같아서 그것을 만나면 절대 놓치지 않으려고 안간힘을 쓰곤 합니다. "돈님이 내 손에 들어오기만 해봐라. 사람들이 무시하지 못하게 할 테다"라고 이 악물고 결심하면서 전 세계 방방곡곡을 다니며 '돈'을 가질 수만 있게 해준다면 예수님이든 부처든 알라든 조상이든 다 숭배하며 삽니다.

어떤 사람은 자녀를 삶의 구원으로 삼기도 합니다. 특히나 자신이 이루지 못한 꿈에 대해 아쉬움이 많은 사람일수록, 관계가 올바르게 세워지지 않은 부부일수록 자신들의 관계와 업적에서의 부족한 면들을 자녀를 통해 채우고 싶어 합니다. 그래서 가족 전체가 자녀의 스케줄을 중심으로 움직이고 그런 자녀의 성취를 부모의 성취와 동일시합니다. 이런 경우의 부모들에게 있어 자식은 포기할 수 없는 생명이 됩니다.

어떤 사람들에게는 부부가 서로 그렇게 되기도 합니다. 그들에게는 자녀나 다른 어떤 것이 필요 없습니다. "영원히 우리 둘만 행복하게 현재를 즐기면서 살아가자"라고 하면서 서로에게 전부가 되어 살아갑니다. 어떤 사람에게는 등산이, 어떤 사람에게는 학문적 업적이, 어떤 사람에게는 운동이, 술·담배, 로맨스, 스포츠, 연예인이, 어떤 이에게는 심지어 자신의 몸이나 자원 봉사, 외형이 멋들어진 교회 건물이나 프로그램이 전부일 수도 있습니다. 이것들에게 "네가 나를 살려주었어. 내 심장을 뛰게 해"라고 고백하면, 이 대상들은 묻지도 따지지도 않고 심지어 아무 말도 하지 않고 수줍은 척하며 그 사랑을 받아들이고, 우리 품에 안겨 가장 중요한 마음과 시간과 뜻과 정성을 가져가버립니다. 이 모든 피조물을 숭배하는 것은 사도 바울 선생님이 말씀하고 있는 것처럼, "불멸의 하나님의 영광을 죽을 수밖에 없는 인간이나 새나 짐승 또는 뱀과 같은 모양으로 바꾸어 버린(로마서 1장 23절 『쉬운성경』)"것과 같은데 말입니다.

다음 장면은 우리에게 영원한 생명을 주신 예수님의 사랑이 사람들의 그것과 다름을 보여줍니다.

한 아가씨가 왕자 쪽으로 다가갔어요. 아가씨는 깜짝 놀란 듯 했지만 이내 정신을 차리고 사람들을 불렀어요. 마침내 왕자가 정신을 되찾고 주위 사람들에게 미소를 보냈어요. 하지만 인어공주에게는 웃어주지 않았어요. 공주가 자기 목숨을 구해주었다는 사실은 꿈에도 몰랐으니까요. 이윽고 왕자가 큰 건물 안으로 옮겨지자, 인어공주는 슬픔에 잠긴 채 아버지의 성이 있는 바다 속으로 돌아갔답니다.

(…)

"앗, 당신은! 당신이야, 바닷가에서 쓰러져 죽을 뻔한 나를 구해준 바로 그 사람!" 왕자가 별안간 이렇게 소리치며 뺨이 발그레 물든 공주를 덥석 끌어 안았어요. 그러고는 인어공주를 돌아보며 말했어요. "아, 난 너무너무 행복해! 꿈에도 생각하지 못했던 소망이 이루어졌어. 너도 나의 행복을 기뻐해 주겠지? 넌 누구보다 날 사랑하니까."

대부분의 사람은 이 부분을 견디기 힘듭니다. 저 또한 그 때문에 몹시 아팠습니다. 저 자신도 어리석은 왕자와 마찬가지로 예수님 대신 다른 것을 더 사랑하고 있고 누군가를 통해 받은 그분의 사랑을 다 알지 못합니다. 그러면서, 내가 사랑했는데 그가 내 사랑을 몰라주고 내 맘을 몰라주고 내 희생을 몰라주면 그로 인해 화가 나고 원망이 됩니다. '내가 준 것만큼 받는 걸 기대하지는 않지만 그래도 그 사람이 알기는 해야 하는 게 아닌가, 내가 그를 위해 목숨을 걸고 있다는 것을 적어도 알기는 해야 하는 게 아닌가'라는 생각에 분하기 그지없습니다. 그래서 제가 그렇게 섬겼던 후배가, 자신을 위해 눈물을 흘려주지도 기도해주지도 않는 그 곳을 사랑한다면서 찾아가는 모습을 보고 그렇게 화가 났던 것 같습니다. '내가 너를 위해 얼마나 희생했는데. 어떻게 시간을 냈으며 어떤 마음으로 기도했으며 금식하고 섬겼는데 그럴 수가 있느냐'라는 그런 맘으로 말입니다. 그것은 마치 고3 담임 시절 내 모든 생활을 포기하며 제자들의 입시와 진학을 위해 달려 결과를 얻었지만, 때로는 그들만의 노력 덕분인 것처럼 뒤도 돌아보지 않고 가던 아이들과 부모님의 뒷모습에서 느꼈던 서운함과 먹먹함의 잔상인지도 모릅니다. '짝사랑'이 본업인 '선생'과 '부모'라면 누구나 가질 수 있는 그런 마음들 말입니다.

물거품이 될지언정 그를 찌를 수는 없는 인어공주를 통해 주님은 알게 해주셨습니다. 내가 죽을지라도 그의 목숨은 살리고 싶을 만큼 사랑한다는 것이 무엇인지 말입니다.

> 인어공주는 속으로 생각했어요.
> '아, 왕자님! 저는 오로지 당신 곁에 있고 싶어서 목소리를 영원히 줘버렸어요. 하다못해 그것만이라도 알아주셨으면!'
> (…)
> '아, 왕자님은 내가 자기 목숨을 구해준 걸 모르나 봐! 그 수도원이 있는 숲까지 왕자님을 안고 헤엄쳐 간 사람은 나예요. 나는 물거품 속에 숨어서 누군가 오지 않을까 지켜보고 있었죠. 그때 왕자님이 나보다 더 좋아한다는 그 아름다운 아가씨가 나타난 겁니다.'
> 인어공주는 깊은 한숨을 내쉬었지만 눈물은 흘릴 수가 없었지요.

예수님을 죽이라고 소리 지르고 십자가에 못 박은 그들을 향해 "아버지, 저 사람들을 용서하여 주소서. 저들은 자기들이 하고 있는 일을 알지 못합니다.(누가복음 23장 34절 『쉬운성경』)"라고 하신 예수님의 십자가 능력은, 산이 옮겨지고 하늘이 말려 올라가는 것을 보면서도 주님의 능력을 믿지 않는 완악한 인간의 '마음'을 변화시킬 수 있는 큰 능력, 바로 '온전한 사랑'이라는 것을 깨닫게 해주셨습니다.

그리고 그런 사랑은 제가 할 수 있는 것이 아니라 온전하신 예수님의 사랑을 입을 때에만, 제 힘이 아닌 예수님 성령님의 힘으로만 할수 있다는 것을 알게 해주셨습니다. 그때까지 그를 위해 했던 모든 희생과 섬김은 제 힘이 아닌 예수님의 사랑이었음을, 그것을 그가 모른다 하여 서운해 했던 것 또한 마치 제 힘으로 사랑했던 것인 양 인정받고 싶었던 지독한 제 교만이었음을 깨닫게 해주셨던 겁니다.

지금도 많은 사람들은 현실에서의 사랑에 대해 이렇게 말합니다. 물론 침묵을 통한 항변입니다. "완전히 온전하게 사랑하지 않겠어. 그렇게 했다가 헤어지면 나만 가슴 아프고 속상하고. 그럼 시간도 감정도 돈도 손해 보잖아. 그러니 해도 손해나지 않을 정도, 헤어져도 상처받지 않을 정도로만 사랑하고 말지" 하고 말입니다. 그래서일까요. 여러 드라마에서도 감정의 엇갈림과 기대함으로 마음이 힘든 절절한 멜로 대신 가볍고 쉽게 그려지는 러브 스토리가 인기가 많은 것 같습니다. 스승과 제자, 목회자와 성도, 각종 모임의 선후배뿐만 아니라 직장과 친척 관계 등등 모든 사랑을 나눌 수 있는 사이에서 이런 '쿨cool'한 감정을 표현해내는 모습들은 '좋아요' 세례를 받곤 합니다. 그런데 이것은 '이기심'의 발현이라기보다는 '두려움'의 표현인 듯합니다. 혹시나 내가 사랑하는 만큼 사랑받지 못할 것 때문에 받을 수 있는, 내 상처의 아픔에 대한 두려움 말입니다.

　그런 우리의 모든 나약함을 이미 알고 계신 하나님께서는 말씀을 통해 알려주십니다. "사랑이 있는 곳에는 두려움이 없습니다. 왜냐하면 완전한 사랑이 두려움을 내어 쫓기 때문입니다…(요한일서 4장 18절 『쉬운성경』)." 온전한 사랑은 예수님의 사랑을 닮는 것입니다. 그가 내 사랑을 받아주지 않아도 혹은 내 사랑을 심지어 알지도 못하고 오히려 나를 핍박한다 해도 나는 그를 주님 주신 마음과 주님의 방법으로 사랑하는 것입니다. 왜냐하면 그가 나의 희생과 사랑을 알지 못하고 심지어 멸시 천대한다 해도 온 천하 만물의 주인이신 주님은 그 모든 것을 알고 계시기 때문입니다. 또한 나를 통해 받으신 섬김과 사랑은 천국에서 해같이 빛나고 있습니다. 그것을 알고 믿고 있는 자는 사랑 때문에 멸시 천대받는 것이 두렵지 않기 때문입니다. "주님이 기억하시면 족하리…"라는 찬양의 한 구절처럼 온전한 사랑을 할 때 그 능력이 우리를 휘감아 진정으로 사랑하지 못하게 하는 두려움은 내어 쫓긴다는 것입니다.

하나님의 사랑에 대해 생각해본 적이 있으십니까? 그야말로 짝사랑도 그런 짝사랑이 없습니다. 사람을 정말 사랑하셔서 하나님의 형상대로 만드시고 모든 동식물의 이름을 붙일 만한 지혜와 그를 도울 조력자까지 주셨습니다. 그런 그가 하나님을 배반해 에덴동산에서는 살 수 없기에 직접 창조하신 짐승을 죽이시고 그 가죽으로 옷을 지어 입혀주셨습니다. 그리고 그들이 계속적으로 하나님을 떠나 살 것을 아셨기에 그분의 유일하신 아들 독생자 예수님을 이 땅에 보내셔서 사람 대신 희생시켜 전 인류를 용서하시기로 작정하셨고 이루셨습니다. 남편의 사랑을 예쁜 동생 라헬에게 빼앗겨

슬픈 레아를 사랑하셔서 자녀들을 많이 주셨고, 그 넷째 아들 유다의 핏줄에서 예수님이 탄생하게 하셨습니다. 다윗을 선택하신 하나님의 뜻을 따라 왕위 계승자로서의 지위도 포기하고 사랑하는 다윗의 목숨을 살렸으며, 아버지인 사울도 사랑하여 끝까지 그 옆을 지키다 죽음을 맞은 아름다운 요나단을 사랑하셔서, 그 아들 므비보셋은 다윗 가문의 사람들과 함께 식사를 할 수 있는 자로 높여주셨습니다.

예수님의 사랑은 어떠하십니까? 거라사에 있었던 미친 사람을 사랑하셔서 그 사람 하나를 고치시기 위해 돼지 떼 이천 마리를 희생시키셨습니다. 사람들로부터 손가락질을 받던 세리장인 삭개오를 사랑하셔서 사람들의 수군거림에도 아랑곳하지 않으시고 그 집에 머무시면서 그에게 구원을 주셨습니다. 그렇게 예수님의 모든 공생애 3년을 믿음으로 같이하며 '반석'이라 불렸던 베드로가 적대적인 환경 앞에서 기가 막히게 예수님을 배반했음에도, 그를 사랑하셔서 다시 쓰시기 위해 용서하시며 세 번이나 "네가 나를 사랑하느냐"고 물으시고 사명을 주셨습니다. 그런 예수님의 사랑이 모티브로 작사된 '사랑'에 대한 찬양에는 그분의 절절하신 사랑이 담겨 있습니다.


**"네가 나를 사랑하느냐"**(1948.5.15. 유재헌)

디베랴 바다에 고기 잡는 베드로 찾아서 하시는 말

시몬아 시몬아 이 사람들보다 나를 더욱 사랑하고 있니

네가 나를 사랑하겠거든 나의 양을 쳐서 길러다오

보이는 사람을 사랑하여 줌이 주님을 사랑함 같이 되네

위로는 하나님 사랑하고 아래로 사람을 사랑하자

사랑은 주고도 또 주고 다 줘도 못 다 준 것 같이 생각되네

사랑은 가만히 못 있으니 대상을 좇아가 보고 싶고

땀과 눈물 피를 전부 쏟아 주는 희생을 하고야 만족하네

사랑은 자기를 망각하고 사랑은 손익을 따지잖고

사랑은 고생을 모르게 만들고 사랑은 죽어도 기뻐하네

사랑이 가슴에 불붙으면 시기와 원망도 없어지고

교만과 정욕도 전부 사라지고 자유와 평화만 넘치도다

사랑은 영원한 생명이요 사랑은 무한한 빛이로다

하나님 자신이 사랑 자신이요 사랑 그 자신이 생명이라


성령님 또한 그 사랑이 얼마나 절절한지 모릅니다. 당대 최고의 석학으로 앞길이 구만리 같았던 사울을 바울로 바꾸시면서 유럽과 아시아 교회를 세우게 하신 성령님. 서울에서 뉴욕까지의 거리를 왕복하고도 한 번 더 가는 거리의 길에서 철저하게 핍박받으며 선교한 바울을 사랑하셔서, 가는 곳마다 같이 일할 동역자들을 예비해주셨습니다. 수십 여 명에 이르는 그의 동역자들 또한 사랑하셔서 성경에 그 이름을 다 불러 남겨주신 것은 말할 것도 없습니다. 그 사랑이 지금도 우리를 품고 계셔서, 내 안에 바람같이 불같이 임하셔서 일하시기를, 그분을 통해 내가 아버지의 나라를 꿈꾸는 자로 변화되기를 지금 이 순간도 기다리고 계십니다.

물거품이 된 인어공주를 보면서 예전에 그렇게 화가 났던 것은 교만한 인간의 자기애自己愛 때문이라는 것을 이제는 압니다. 내가 사랑받지 않으면 남도 사랑해주지 않겠다는, 심령이 가난해지고 싶지 않은 내 타고난 죄악 때문에, 영원히 있을 믿음 소망 사랑 중 제일은 사랑이라고 하신 그 사랑을 온전히 하지 못하게 하는 교만으로부터 놓임 받지 못했기 때문에, 항상 갈망만 하지 만족함이 없었다는 것을 이제는 알고 있습니다.

사랑 자신이신 하나님의 사랑, 그 자신이 생명이신 예수님의 사랑만이 우리 가정을, 학교를, 사회를, 그리고 우리의 삶을 충만하게 해주실 수 있습니다. 내 자녀는 내 안의 예수님 사랑을 온전하게 받아야만 사랑을 줄 수 있는 아름다운 믿음의 자녀로 자라납니다.

돌아보시겠습니까? 혹시 우리는 우리의 자녀가 우리가 못한 것을 대신 해줄 수 있는 자이길 바라며 모든 것을 '사랑'이라는 이름으로 투자하고 그들로부터 역시 그 사랑에 대한 대가를 바라고 있지는 않은지 말입니다. 그것을 그 아이가 가진 재능과 호기심 때문이라고 포장하며, 그를 사랑한다고는 하지만 결국에는 우리가 못한 것을 대신 해주는 것에 만족하면서 우리 자신만을 사랑하고 있는 것은 아닌지, 그래서 그가 그것을 대신 해주지 못할 때 엄청난 좌절로 혹은 미움으로 그를 탓하거나 혹은 그걸 이룬 이후에 자신의 길을 찾아가는 자녀들 뒤에 남아 "내 인생에는 아무것도 남은 게 없다"라고 하면서 자식들이 바라봐주길 바라고, '빈 둥지 증후군'이라는 그럴 듯한 병명 하에 우울증에 잡힐 미래로 걸어가고 있는 것은 아닌

지 말입니다.

많은 사람들이 사랑에 대해 이야기합니다. 사랑은 '주고받는 것'이라고 말입니다. 좀 더 성숙한 사랑은 '주는 것'이라고도 합니다. 그러나 우리에게 알려주시는 주님의 사랑은 '모든 것을 다 내어주고 그리고 완전히 잊어버리는 그것'인 듯합니다. 자녀를 우리의 사랑이 아닌 예수님의 온전한 사랑으로 사랑할 때 자녀가 자라고 난 뒤에 그 자녀가 예수님의 사랑으로 똑같이 부모를 사랑하고 또한 그 자녀들에게 같은 사랑이 물려질 것입니다. 우리의 자녀는 내 태를 빌려서 이 세상에 왔을 뿐 주님의 자녀라는 것을 잊지 않는다면 그에게 주는 사랑, 그로부터 받는 사랑 모두 교만 없이, 두려움 없이 마음껏 사랑하고 사랑받을 수 있을 것입니다.

사랑은 오래 참고 사랑은 온유하며 시기하지 아니하며

사랑은 자랑하지 아니하며 교만하지 아니하며

(고린도전서 13장 4절)

# 고난

고난 당한 것이 내게 유익이라 이로 말미암아
내가 주의 율례들을 배우게 되었나이다
주의 입의 법이 내게는 천천 금은보다 좋으니이다

(시편 119편 71~72절)

자녀이면 또한 상속자 곧 하나님의 상속자요 그리스도와 함께 한 상속자니
우리가 그와 함께 영광을 받기 위하여 고난도 함께 받아야 할 것이니라.

(로마서 8장 17절)

주님을 믿는 부모든 그렇지 못한 부모든 좋아할 리 없는 단어가 '고난'일 것입니다. 특히 내 자녀에게만은 이 단어와 비슷한 그 어떤 것이라도 닥쳐오지 않기를 바라면서 그가 겪어야 할 것을 대신 겪어줄 수 있다면 하고 바라는 게 부모의 마음입니다. 그래서 결혼하기 전 혹은 결혼 후 자녀가 없을 때에는 혼자 힘으로 이 모든 운명과 세상에 맞서리라 했던 강철 같은 어른일지라도 자녀를 낳고 그 아이가 자라나는 것을 지켜주면서 그들에게 어쩌면 닥쳐올 수도 있는 '고난'으로부터 피신시키기 위해 '종교' 비슷한 것을 찾아다니는 모습을 보게 됩니다. 어쩌면 주님을 믿는 많은 부모들의 시작도 그런 마음이었을 것입니다. 믿어가고 있는 그 과정에서의 마음도 여전할 테지요. 그러나 우리 하나님께서는 그분이 너무나 사랑하시는 자녀인 우리가 이 '고난'을 좀 더 적극적으로 보길 원하십니다.

2천여 년 전 로마 제국의 속주였던 소아시아 유대 지방에 33년을 살고 돌아가신 예수님이 계셨습니다. 30년 동안은 목수의 삶을 살며 가족을 부양하셨고 3년간 공생애를 사신 후 마지막에는 당시 로마에서 대역 죄인들에게 행해졌던 십자가형을 받고 돌아가신 분입니다. 그분을 십자가에 못 박은 것은 당시 그분의 인기에 대한 시기와 질투심에 사로잡혔던 유대 종교 지도자들이었습니다. 사두개인, 바리새인, 그리고 제사장들과 열심당원들입니다.

그러나 그들이 결정을 내리고 선동했을 때 거기에 동조하며 소리 질렀던 사람들은 유대인들이었습니다. 며칠 전까지만 해도 병을 고치시고 먹을 것을 주시는 기적을 베푸신 그분을 향해 "호산나! 오, 구원해주시옵소서!"라고 외치며 그분이 들어오시는 예루살렘 길 위에 자신들의 겉옷을 깔았던 사람들이었습니다. 그랬던 그들은 예수님이 종교 지도자들의 손에 의해 반역 죄인으로 잡히자 언제 그랬냐는 듯 예수님을 죽이기에 혈안이 되었고, 심지어 그분의 피를 자신들과 자손들에게 돌리라고 했습니다.

> 백성이 다 대답하여 이르되
> 그 피를 우리와 우리 자손에게 돌릴지어다 하거늘 (마태복음 27장 25절)

> 그러자 온 백성이 대답하여 말하였다.
> "그 사람의 피는 우리와 우리 자손에게 돌아올 것이오." 『표준새번역』

피를 돌린다는 것은 그가 흘린 피에 대한 책임을 지겠다는 뜻입니다. 결국 유대 민족은 예루살렘이 무너지며 나라를 잃고 2천 년 이상 핍박받는 자들이 되어 지금에까지 이르고 있으니 그들의 이후 역사를 볼 때 후손이 그 피에 대해 책임을 지고 있는 것이 어쩌면 맞을지도 모르겠습니다.

예수님이 치유·축사·오병이어의 능력 등을 보여주셨을 때 많은 사람들은 팬이 되었습니다. 뜨겁게 열광하면서 그분을 왕으로 세우고자 했습니다. 다니시는 모든 길마다 무리가 되어 따라다녔지요. 그래서 예수님은 기도하시려면 한적한 곳을 찾아야만 했습니다. 하지만 그분이 십자가의 능력을 보여주시기 위해 십자가를 지자, 팬이었던 모든 사람들은 그분 곁을 떠났습니다. 심지어 가장 적극적이고 열성적이었던 시몬 베드로조차 '베드로-반석'이라는 이름에 맞지 않게 모래 위에 지은 집처럼 완전히 무너졌습니다. 3년 동안 예수님 곁에서 그분의 능력을 보고 그분을 "그리스도시요 살아 계신 하나님의 아들"이라고 고백했던 믿음과 사랑은, 붙잡힘이라는 고난 앞에서 그분을 모른다고 부인하며 완전히 깨졌습니다.

그렇게 믿는다 했던 많은 이들의 고난 앞에서의 민낯을 밝히 드러내신 예수님의 십자가 고난은, 예수님께서 우리 믿는 자들을 구원하시기 위한 가장 큰 능력인 부활을 보여주시기 위해서 반드시 필요한 일이었습니다. "부활하기 위해 제일 먼저 필요한 것이 무엇이냐"고 묻는 목사님 물음에 많은 사람들이 "믿음이요, 사랑이요, 희생이요, 뭐요, 뭐요"라고 대답했다가 어린아이가 "먼저 죽어야죠"라고 하는 말을 듣고 무릎을 쳤다는 유명한 예화처럼, 주님의 가장 크신 능력인 부활을 보이시기 위해서는 고난을 당하시고 죽으셔야 했습니다.

우리의 삶 가운데에 주님은 먼저 치유와 오병이어의 능력으로 찾아오십니다. 하나님을 믿고 '잘되는 나'가 되어 풍요와 번성을 누리게 해주시는 그때, 우리는 주님을 찬양하며 영광 올려드리면서 '호산나'하며 그분이 타고 오시는 나귀 위에 내 헌신의 옷과, 감사의 옷과, 물질의 옷을 마구 깔아드립니다. 또한 예수님을 믿고 난 뒤 그런 모습이 되어야 다른 사람이 따라서 믿지 않겠느냐며 주님께 영광 올려드릴 테니 취업의 복, 합격의 복, 진학의 복, 승진의 복 등을 주시기만을 바라고 또 바랍니다. 그러나 그렇게 놀라운, 눈으로 보이는 풍요의 기적만을 바라며 그분을 따라가는 사람들은 그분께서 주시고 싶어 하는 궁극적인 '풍요' 즉, 하늘의 신령한 풍성함인 부활과 영생의 기쁨을 받기 어렵습니다. 왜냐하면 그것을 받으려면 반드시 십자가에 못 박힘을 거쳐야 하는데, 그것은 나를 부인하고 내 십자가를 지고 걸어가서 십자가에 못 박혀야 끝나는 고난이기 때문입니다.

그것은 내가 소유하고 누리고 싶어 하는 부유함이나 명예, 부귀, 권세와는 모두 거리가 먼 것입니다. 자기 의義, 자기 애愛, 자기 욕심, 자기 연민, 자기만족, 자존감과 같이 내가 가진 나 중심의 생각을 버리고 주님이 원하시는 것을 원하시는 방법대로 원하시는 시간에 하는 그런 길입니다. 때로는 가난을, 때로는 질병을, 때로는 손가락질을, 때로는 핍박을 받으면서 걸어야 갈 수 있는 길입니다. 그러나 그것이 힘들다 하여 십자가를 지시는 예수님을 부인하고 치유와 오병이어를 보여주시는 예수님만 좋아하다가는 예수님을 십자가에 못 박은 유대인들, 자신과 자녀들에게 그 피 값을 돌리라는 유대인들이 되고 말 것입니다.

우리 자녀들도 마찬가지입니다. 우리가 피땀 흘려 일하고 돈 버는 것은 자녀들을 위해서, 자녀들이 고생하지 않도록 적어도 남들만큼은 살게끔 해주기 위해서라 합니다. 마치 자녀들에게 있어 부모는 빚진 자와 같은 마음이어서 자녀를 상전 모시듯 합니다. 그러면서 그렇게 고생을 모르고 자란 자녀들이 공부도 잘하고 언행도 바르고 심지어 연약하고 힘든 자들의 마음도 이해할 수 있는 인성조차도 완벽한 아이가 되어 다른 사람들로부터 칭송받는 삶을 살길 바랍니다. 그래서 수업을 통해 학습 능력을 키우는 것처럼, 봉사라는 도구를 이용해 사회적 약자를 돕는 인성 또한 가르치려고 애를 씁니다. 그러나 안타깝게도 그러한 프로그램을 통해서는 주님이 원하시는 인성을 가르칠 수가 없습니다. 그것을 통해 배우는 감정은 누군가 자신의 아래에 있다는 것을, 자신의 도움 아래에 놓여 있는 자들이 있다는 것을 깨닫게 함으로 스스로를 만족시키는, 이런 표현이 죄송스럽지만, 일종의 '교만'한 감정입니다. 그 사람을 불쌍히 여김으로써 내가 그와 같지 않다는 것을 다시금 깨우쳐주는 감정은 가진 자만이 가질 수 있는 사치스러운 감정입니다.

이런 감정들은 예수님께서 가지셨던 '애통함'이 아닙니다. '젊어서 고생은 사서도 한다'라는 어르신들의 세상적 표현이 있습니다. 성경 말씀은 아니지만 어딘가 일맥상통하는 면이 있습니다. 다만 '어디로부터' 고생을 사는가와 그 모든 고생을 이끄는 '주체'가 누구신가가 다르지만요. 믿는 부모는 우리 자녀로 하여금 무늬만 공의로운 것처럼 보이는 '동정'이 아닌 진정한 '애통함'을 가르치기 위해, 하나님으로부터 고난을 사서라도 자녀를 자라게 해야 합니다.

> 내가 너를 권하노니 내게서 불로 연단한 금을 사서 부요하게 하고 흰 옷을 사서 입어 벌거벗은 수치를 보이지 않게 하고 안약을 사서 눈에 발라 보게 하라. (요한계시록 3장 18절)

> 내가 충고한다. 내게 와서 불 속에서 제련된 금을 사거라. 그러면 네가 참된 부자가 될 것이다. 또 흰 옷을 사라. 그것으로 너의 벌거벗은 부끄러움을 가릴 수 있을 것이다. 네 눈에 바를 안약을 사라. 참된 것을 볼 수 있을 것이다. (『쉬운성경』)

주님께서는 불로 연단한 금을 사라고 말씀하십니다. 성경에서 금은 믿음을 가리키는 경우가 많습니다. 그리고 불은 성령님을 가리키기도 하지만 환난과 고난을 나타내기도 합니다. 가장 좋은 정금은

센 불을 통과하면서 만들어집니다. 제련에 들어가는 금이 불쌍하다 하여 온도를 낮추면 가장 아름다운 정금이 만들어질 수 없습니다. 마찬가지로 우리 아이들의 금과 같은 믿음과 주님께서 기뻐하시는 삶은 반드시 불 같이 뜨거운 고난과 환난을 통과해야만 얻어질 수 있습니다. 그것을 지날 때 어쩌면 우리 아이는 등을 돌린 친구들 때문에 철저하게 외로워질 수도 있을 것이며, 가난 때문에 원하는 것을 하지 못할 수도 있고, 건강 때문에 마음껏 놀 수 없을지도 모릅니다. 그러나 그 과정에서 우리 아이들은 세상의 다른 어떤 것이 아닌 하나님만 의지하는 법을 배우며 그 모든 아픔을 겪는 사회적 약자들의 마음을 처절하게 배우고 느끼게 됩니다. 그런 그는 후에 그가 높은 위치에 올라간다 해도 그의 지식의 옷자락, 부귀의 옷자락에 약자들의 피가 묻어 있을 수 있다는 것을 결코 잊지 않는 자가 됩니다.

내가 그것을 '보며' 지식으로 아는 것과 그것과 '연관'되고 그것이 '되어' 아는 것은 완전히 다릅니다. 구약성경 말씀 중 "힘써 여호와를 알자(호세아 6장 3절)"라고 할 때의 '알다'는 여자가 남자를 '안다' 할 때의 그 '안다'입니다. 정보를 습득해 아는 것이 아닌 내 영혼과 육체를 통해 그와 연관됨으로써 안다는 뜻입니다. 그래서 하나님을 아는 것, 그 마음을 아는 것, 그분의 눈길이 향해 있는 사회적 약자를 아는 것, 그것은 인터넷과 모든 정보 수단을 이용해서 머리로 아는 것이 아닙니다. 내가 하나님의 마음을, 손길을, 그분의 능력을 직접 내 삶에서 체험하면서 그것이 내 삶을 이끌게 되는 것이야말로 내 자녀의 일생에 남겨줄 수 있는 가장 귀한 유산입니다.

1892년 한국 땅에 도착한 선교사 부부가 있었습니다. 자녀가 없어 고민하던 그들에게 6년 만에 첫아들이 태어났지만 사랑하는 첫아들은 병을 앓다 8개월 만에 하늘나라로 떠났습니다. 부부는 아들을 양화진에 그들의 마음에 고이 묻었습니다. 아픔이 아물어갈 때쯤 둘째 아이가 생겼지만 하나님께서는 태어난 지 하루 만에 둘째 아이 또한 데려가셨습니다. 그리고 1년 뒤 그런 아픔을 이겨내지 못한 아내는 세상을 먼저 떠났습니다. 이 모든 일을 지켜봤던 당시 조선 사람들은 선교사에게 냉소적으로 물었습니다. "당신이 전하는 예수가 누구기에 이렇게 당신을 힘들게 하는 거요?" 그들의 물음에 선교사는 답했습니다.

예수님은 누구신고 하니

우는 자의 위로와 빈한 자의 풍성이며

천한 자의 높음과 잡힌 자의 놓임 되고 우리 기쁨 되시네

약한 자의 강함과 눈먼 자의 보임이며

병든 자의 고침과 죽은 자의 부활되고 우리 생명 되시네

추한 자의 정함과 죽을 자의 대신이며

악한 자의 중보와 멸망자의 공로되고 우리 화평 되시네

성 교회의 머리와 만국인의 구주시며

일만 왕의 대왕과 심판하실 상주되고 우리 자랑 되시네.

이 대답이 찬송가 96장 〈예수님은 누구신가〉라는 찬양이 되었으며, 이 찬양을 지은 선교사가 조선 선교의 사각지대였던 충청 지역의 초대 선교사로 44년간 사명을 감당했던 민로아<sub></sub>Frederick Scheible Miller, 1866~1937입니다. 그분은 26살의 젊은 나이에 선교사로 자원, 가정생활에 엄청난 고난을 겪었음에도 일평생을 조선에서 하나님께 헌신했습니다. 특히 한국어 찬송가를 보급하기 위해 한국 시가를 분석했고, 그에 의해 한국인의 정서와 율격에 맞는 노랫말로 번역된 찬송은 백여 년이 지난 지금도 거의 수정되지 않았습니다. 비록 자신의 가정과 삶 가운데에서는 아픔뿐이었지만 그 아픔이, 고난이, 희생이 찬양이 되어 지금까지도 아픈 자들의 마음을 여는 그리스도의 위로가 된 것입니다.

고난 받은 자에게는 고난 받지 않은 자가 가지지 못한 특권이 있습니다. 바로 같은 고난을 받고 있는 자의 마음 문을 여는 열쇠를 가졌다는 점입니다. 고난 받는 사람의 마음을 아는 사람은 더 큰 고난으로 아파본 사람입니다. 이 세상에서 예수님보다 더 큰 아픔을 지닌 사람은 없기에 그 어떤 아픔을 지닌 사람이라 할지라도 예수님은 위로해주실 수 있습니다. 고난의 시간을 이겨내 그런 예수님의 흔적을 지닌 사람에게 예수님께서는 고난 중에 있는 사람을 위로할 수 있는 능력을 주십니다. 그렇기에 우리가 혹은 우리 자녀들이 겪는 고난은 다만 우리만을 위한 것이 아닌 언젠가 다른 누군가를 위한 복음의 노래로 쓰일 수 있다는 것을 믿고 소망을 가지셨으면 합니다. 내가 지나는 고난의 시간이 누군가에게 예수님의 위로가 전달될 수 있는 통로가 된다면 그것이야말로 그를 주님께로 인도하는 축복의 통로가 될 것이기 때문입니다.

주님이 주시고 싶으신 것은 십자가 고통만이 아닌 십자가 뒤의 부활의 기쁨입니다. 고난만이 아닌 고난 뒤의 하늘의 위로입니다. 우리는 자녀를 어떻게든 고생과 고난으로부터 떨어뜨려놓으려고 안간힘을 씁니다. 자녀가 조금이라도 평안함을 바라는 것은 부모로서의 당연한 마음이지요. 그러나 그것은 영적으로 본다면 이스라엘 백성들이 몰렉에게 잘 보이기 위해 자녀들을 그에게 바쳤던 것과 같이, 하나님 자체가 아닌 하나님이 주신 부귀와 명예가 주는 편안함, 안락함을 우리 자녀들로 하여금 더 찾게 만드는 것과 같습니다.

제 아들이 초등학교에 다닐 때였습니다. 친구나 선배들로부터 아픔을 당하고 돌아와 엉엉 우는 아들을 부여잡고 같이 울었던 마음은 말로 표현할 수 없을 정도로 괴로웠습니다. 그때 아들에게 제가 해줄 수 있었던 말은 오로지 하나, "주님의 뜻이 있으실 것이다. 미워하지 말자"일 뿐이었습니다. 1학년이었던 본인을 괴롭히던 4학년 형 때문에 아침저녁으로 힘들어 울면서도 주님 도와주시기를 기도하며 방학 내내 무릎 꿇었던 아들이 개학한 첫 날 제게 온천 표시 이모티콘과 함께 이런 문자를 보냈습니다. "엄마. 오늘은 마음이 따뜻해요." 그 형이 가정 사정으로 개학 직전 전학 갔다는 소식을 들었다는 겁니다. 그 문장은 아마도 성령님의 역사에 대한 놀라움과 주님께서 본인의 기도를 들으신다는 것을 체험함에 감사한 마음이었던 것 같습니다. 이런 아픔들 속에서 주님의 동행하심을 체험하며 아들의 기도 무릎은 강해져가는 것 같습니다.

때로는 그가 어떤 상황에서도 친구나 선배와 같은 사람을 의존하지 못하도록 철저하게 외롭게 하시는 하나님을 뵐 때 마음이 많이 아픕니다. 하지만 그런 외로움이라는 고난을 통해 하나님과 예수님을 성령님을 친구와 선배 삼아 그를 자라나게 하심을 봅니다. 그렇기에 원망이나 슬픔보다 그의 속사람이 날로 새로워가게 하시는 주님의 은혜에 그저 감사로, 그가 더욱 겸손하게 조심히 성령님 뒤를 잘 따라가길 기도하고 있습니다.

자녀가 고난 중에 처하는 것을 보는 부모의 고통은 이루 말할 수 없습니다. 특히나 학교나 공동체 생활 중에서 당하는 고난을 맞닥뜨릴 때 고난의 주범을 직접 찾아가 다 '쳐서 없애주고' 싶은 것이 부모의 마음일 것입니다. 저 또한 그렇게 하고 싶은 마음이 굴뚝같았습니다. 하지만 그럴 때, 기도 없이 섣부르게 부모가 개입하면 주님께서 내 자녀에게 가르쳐주고 싶으신 수업을 방해하는 것이 될 수 있습니다. 저희가 개입하기 전에 주님의 선하신 성품을 믿고 뜻을 여쭈면서 자녀의 마음을 함께 어루만지고 주님의 도우심을 구해야 할 것입니다. 그것은 그 상황을 방조하고 간과하는 것이 아닌 주님의 역사하심이 드러날 수 있도록 기도로 인내하며 기다리는 것입니다. 그 와중에 우리에게 하나님 앞에 죄로 인해 막힌 것이나 해결받아야 할 문제를 생각나게 하신다면 부모인 우리가 먼저 그것을 회개하고 풀어야 합니다. 어쩌면 주님은 그런 모든 상황을 통해 자녀뿐 아니라 우리도 자라게 하고 싶으실 수도 있기 때문입니다.

화마火魔가 훑고 간 자리엔 잿더미밖에 없지만 그 와중에도 쇠붙이나 도자기들은 형태를 보존하고 있다고 합니다. 뜨거운 불길 속에서 타지 않고 남아 있게 된 것은 그들이 이미 한 번 불을 통과했기 때문입니다. 불과 같은 고난과 연단을 통과한 자들은 다른 불 속에 들어갈 때 그 불을 통과해낼 수 있습니다. 그을음은 입을지언정 다 탄 잿더미로 변하지는 않습니다. 우리 아이들의 삶에서 고난 또한 그런 역할을 하며 우리 아이들을 주님의 힘을 입어 강한 자로 만들어낼 것입니다.

그리고 찢어지는 마음을 참고 감당해내는 데에서 적극적으로 더 나아가 부모인 우리가 이 세상에 같이 있을 때 우리 자녀에게 그런 고난을 허락하신 주님의 은혜에 감사해야 합니다. 우리가 하늘나라에 간 다음에 자녀가 이 세상에 혼자 남아 그 고난을 겪어내면 분명 쓰러지기 쉬울 것입니다. 그러나 부모가 이 땅에 있는 동안 우리 아이들을 함께 고난에 참여시켜주심으로 부모의 도고에 힘입어 그 고난을 이길 힘이 하늘로부터 임한다는 것을 알도록 해주시는 주님의 은혜는 정말 그 크기와 넓이가 한량없는 것입니다. 그 고난 중에 우리 자녀를 더욱 빛나는 그릇으로 만들어주시고, 우리가 하늘나라에 간 뒤에도 여전히 주님만을 의지하며 자신들이 배우고 살아낸 대로 자신의 자녀를 신앙으로 가르칠 능력을 주실 주님의 섭리는 저희가 감히 상상조차 못하는 것이기 때문입니다.

자녀들은 부모인 우리보다 천국에서 파송된 지 얼마 되지 않았습니다. 그 맘에는 천국을 바라는 DNA가 깊게 새겨져 있고 부모들보다 세상의 권세 잡은 세력들에게 덜 더럽혀져 있기에 고난을 겪으면서 부모인 우리보다 오히려 주님을 더욱 깊게 만날 수 있습니다. 내 자녀에게 그런 영적 복이 임하려면 부모인 우리가 아이들을 내 소유가 아니라고 고백해야 할 것입니다. 그들을 천국의 백성으로 주님의 자녀로 먼저 인정하고 내려놓을 때 나보다 이 아이들의 마음과 성향과 미래를 다 아시는 주님께 고난까지도 맡겨드릴 수 있을 것입니다. 그런 모든 과정의 끝에 주님은 우리 아이들을 통해 세상 속에서도 영광을 받으실 것이며 그것이야말로 우리 자녀의 빛나는 미래를 위한 가장 안전한 보험이 될 것입니다.

그리스도의 고난이 우리에게 넘친 것 같이 우리가 받는 위로도
그리스도로 말미암아 넘치는도다. 우리가 환난 당하는 것도
너희가 위로와 구원을 받게 하려는 것이요 우리가 위로를 받는 것도
너희가 위로를 받게 하려는 것이니 이 위로가 너희 속에 역사하여
우리가 받는 것 같은 고난을 너희도 견디게 하느니라.

(고린도후서 1장 5절~6절)

# 겸손



(이사야 57장 15절)

부모들은 은연중 자기 자녀가 공동체의 리더가 되어주길 원합니다. 그런 마음이 속물처럼 보일까 하여 외적으로 그런 소망을 드러내지는 않지만, 그럼에도 높임 받는 자녀의 모습을 확인할 때 흐뭇한 미소를 짓는 것이 부모의 당연한 마음입니다. 그래서 이제 갓 말문이 트이고 걸음마를 하기 시작하는 아이 방에 슬며시 '리더십 능력' 개발 효과를 입증 받았다 선전하는 각종 학습지와 동화, 교구들을 채웁니다. 그러다 정규 교육 과정에 들어가면 뒤쳐질 새라 각종 '캠프'에 참여시키고 '장'자리를 위해 엄마, 아빠가 먼저 학교에서 학부모의 '장'자리를 선점합니다.

 그 결과 본인이 원하든 원하지 않든 그런 모든 '리더'로서의 경험을 장착한 아이들은 대학 모집 전형에서 이름도 다양한 '리더십 전형'류에 원서를 넣습니다. 그리고 전형을 통과하면 그 아이는 명실공히 '리더'로서 사회의 인정을 받은 자가 된 것 같은 느낌을 받습니다. 물론 어떤 단체에서든 지도하는 자의 지위에 선다는 것은 그 사람의 역량이 다른 사람들에 비해 상대적으로 뛰어남을 보여주는 증거일 테지요. 그래서 대상을 가릴 것 없이 리더로서의 자질을 키우기 위한 다양한 자기 계발 책들이 베스트셀러나 스테디셀러 자리를 놓치지 않나 봅니다.

세상은 리더의 덕목으로서 많은 것을 요구합니다. 리더십의 종류도 정말 여러 가지입니다. 사회학자 막스 베버Max Weber, 1864~1920의 권위 근거에 따라 전통적, 카리스마적, 합법적 권위로 나누는 리더십은 그래도 학창 시절 책 좀 봤다 하는 부모님들은 들어본 적 있는 내용일 겁니다. 그렇지만 소통 리더십, 셀프 리더십, 글로벌 리더십 같은 용어는 부모인 저희가 자랄 때에는 듣도 보도 못해 낯설게까지 느껴집니다. 이런 각 특징에 적절한 리더십을 갖추기 위해서는 정말 온갖 '선하고' '좋은' 품성이 다 필요한 것처럼 보입니다. 성실, 긍정, 책임감, 열정, 용서, 경청, 대화, 화해, 자기주장, 준비와 계획, 자율, 자기관리, 자기존중, 자신감, 인내, 감정조절, 시간관리, 심지어 유머와 웃음, 협상과 설득력에 이르기까지 살펴보자면 그야말로 끝이 없는 성품의 향연들입니다. 하지만 하나님을 믿는 부모들은 리더를 보는 관점이 세상 부모들과는 달라야 합니다. 세상 사람들이 요구하는 리더의 자질이 아닌 하나님께서 보시기에 아름다운 리더로서 갖추어야 할 덕목이 무엇인지 먼저 생각해야 합니다.

하나님이 원하시는 리더의 모습을 알려면 성경에서 그 예를 찾아보면 됩니다. 성경은 기독교의 경전으로 구약과 신약 두 부분으로 이루어져 있습니다. 신약은 예수님의 사역과 말씀을 제자들이 기록한 것이고, 구약은 현재 이스라엘의 역사입니다. 한 국가의 역사책을 기독교인들이 경전으로 읽고 믿는 것은, 우주 만물의 창조자로 시공간을 초월하시는 그분이 이스라엘이라는 인간 역사에 직접 개입하고 움직이시면서 스스로를 드러내셨기 때문입니다. 이스라엘 백성들은 이집트에서 약 400년간 노예 생활을 했던 역사가 있습니다. 우리나라는 36년을 식민지 생활을 했음에도 그 고통이 보통이 아니었고 그 와중에 잃어버린 것들이 많았는데, 그 긴 노예 생활 중에서 하나님께 부르짖었던 이들을 하나님께서는 잊지 않으시고 모세라는 지도자를 세워 해방시켜주셨습니다. 그 사건을 성경에서는 '출出 애굽이집트'이라고 부릅니다. 출애굽을 시키신 목적은 여호와 하나님의 백성인 이스라엘이 하나님께 제사를 지냄으로 언약 관계를 맺고, 그들에게 약속해주신 땅인 가나안(현재 이스라엘 팔레스타인 지역)으로 들어가게 해주시기 위함이었습니다.

출애굽을 한 이스라엘 백성들은 가나안으로 입성하기 전 그 땅을 정탐하기 위해 각 지파에서 12명의 대표를 뽑았고 여호수아와 갈렙은 그 정탐꾼에 속해 있었습니다. 40일을 정탐하고 왔던 12명의 정탐꾼들은 돌아와서 그곳이 얼마나 아름답고 풍요로운 곳인지 모세와 이스라엘 백성들 앞에서 설명했습니다. 그러나 여호수아와 갈렙을 제외한 나머지 10명은 그곳에 이미 살고 있는 민족들이 너무나 강하기 때문에 이스라엘은 절대로 이길 수 없다며 이스라엘 백성들에게 절망적인 보고를 합니다. 그 보고를 들은 이스라엘 백성들은 그야말로 마음이 물같이 녹아 그때까지 기적을 보이시며 이끌어 주신 하나님과 그분의 말씀을 전했던 모세와 아론을 원망하기 시작했습니다. 그것을 보고 있던 여호수아와 갈렙은 옷을 찢으며—옷을 찢는 것은 심한 비통함의 표현입니다— 비록 그들이 강할지라도 여호와께서 약속하셨으면 분명히 그들을 이길 수 있고 가나안 땅을 점령할 수 있을 거라고 이야기합니다. 그 이야기를 들은 이스라엘 백성들은 심지어 그들을 돌로 쳐 죽이려고까지 했습니다.

온 회중이 소리를 높여 부르짖으며 백성이 밤새도록 통곡하였더라. 이스라엘 자손이 다 모세와 아론을 원망하며 온 회중이 그들에게 이르되 우리가 애굽 땅에서 죽었거나 이 광야에서 죽었으면 좋았을 것을 어찌하여 여호와가 우리를 그 땅으로 인도하여 칼에 쓰러지게 하려 하는가 우리 처자가 사로잡히리니 애굽으로 돌아가는 것이 낫지 아니하랴. 이에 서로 말하되 우리가 한 지휘관을 세우고 애굽으로 돌아가자 하매 모세와 아론이 이스라엘 자손의 온 회중 앞에서 엎드린지라. 그 땅을 정탐한 자 중 눈의 아들 여호수아와 여분네의 아들 갈렙이 자기들의 옷을 찢고 이스라엘 자손의 온 회중에게 말하여 이르되 우리가 두루 다니며 정탐한 땅은 심히 아름다운 땅이라. 여호와께서 우리를 기뻐하시면 우리를 그 땅으로 인도하여 들이시고 그 땅을 우리에게 주시리라. 이는 과연 젖과 꿀이 흐르는 땅이니라. 다만 여호와를 거역하지는 말라. 또 그 땅 백성을 두려워하지 말라. 그들은 우리의 먹이라. 그들의 보호자는 그들에게서 떠났고 여호와는 우리와 함께 하시느니라. 그들을 두려워하지 말라. 하나 온 회중이 그들을 돌로 치려 하는데 그때에 여호와의 영광이 회막에서 이스라엘 모든 자손에게 나타나시니라.
(민수기 14장 1절~10절)


이때 나타나신 여호와께서는 모든 성인 이스라엘 백성에게 죄를 지은 날 수만큼 정확하게 광야를 돌고 그들이 입으로 내뱉었던 대로 가나안 땅을 밟지 못하는 벌을 내리셨습니다. 앞으로 그들은 몇 개월이면 갈 거리를 38년 동안 떠돌게 되는데 그 날 수는 출애굽에서 시내산까지 2년을 합하여 총 40년으로, 정탐한 40일 하루를 1년으로 계산한 시간입니다. 불순종으로 나타난 교만에 대한 철저한 대가였습니다. 다만 여호수아와 갈렙은 제외되어 성인 이스라엘 백성 중 유일하게 살아서 가나안을 밟을 수 있게 됩니다. 하나님께서는 이스라엘 백성을 교만하다고 보셨고 여호수아와 갈렙을 겸손하게 보셨기 때문입니다.

이 지점에서 하나님께서 기뻐하시는 리더의 품성이 명백히 드러납니다. 둘 중 누가 더 겸손하게 여겨지십니까? 상식적으로 생각하면 우리보다 저들의 힘을 더 크게 간주하고 그 결과 우리는 이길 수 없으니 포기하자 한 10명이 더 겸손하게 보입니다. 획득한 모든 정보가 실패를 가리키고 있음에도 아무런 대책 없이 승리할 수 있다고 말하는 여호수아와 갈렙이 더 교만하게 보일 수 있습니다.

그런데 하나님께서는 왜 이스라엘 백성에게 교만하다고 하셨을까요. 그것은 눈으로 보이는 인간의 강대함을 하나님의 약속보다 더 믿은 것, 즉 하나님의 능력을 신뢰하는 것이 아닌 내 오감과 관찰과 정보력을 더 믿음으로써 하나님의 약속에 대해 삿대질을 하며 원망하는 그것은 겸손을 가장한 교만이기 때문입니다. 그에 비해 여호수아와 갈렙은 자신들의 눈으로 보고 귀로 들었던 가나안의 상황보다 하나님의 언약을 더 믿었습니다. 자신이 보았던 적들의 강대함보다 그곳을 주시겠다고 약속하신 하나님의 신실하심을 더 믿었고, 심지어 자신들의 생명이 위험한 상황 속에서도 그 믿음을 지켰습니다. 그랬기에 하나님으로부터 흔들리지 않는 온전한 믿음을 가진 자로 인정받으며 성인들 중 유일하게 가나안에 들어갈 수 있는 복을 얻게 되었던 것입니다.

이처럼 하나님께서는 리더에게 일을 맡기시기 전에 수많은 자질들에 앞서 가장 먼저 '겸손함'을 갖추길 원하십니다. 겸손함은 '남을 존중하고 자기를 내세우지 않는 태도'를 가리킵니다. 정의로만 얼핏 보면 리더십과 가장 거리가 먼 것처럼 보입니다. 그러나 무엇보다 이 성품이 하나님 앞에서 발휘가 되면 먼저 하나님의 뜻 앞에 완전히 순복하여, 내 생각을 온전하게 내려놓고 전적으로 하나님의 뜻을 따르게 됩니다. 다른 어떤 것보다 하나님 말씀의 확실성을 믿고 말씀이신 하나님 앞에 항상 두렵고 떨리는 마음으로 서게 됩니다. 이렇게 진정으로 겸손한 사람을 하나님은 기뻐하십니다. 하나님께서 기뻐하시는 사람이 사람들 앞에서 교만할 수는 없을 것입니다. 그런 겸손한 성품을 갖춘 지도자들의 인도를 받는 백성들은 적어도 그렇지 않은 지도자들 밑에 있는 백성보다 하나님의 음성을 청종하려고 조금이라도 더 애쓸 것입니다. 그리고 우주 만물의 창조자이시자 만왕의 왕이신 우리 주님은 다른 누구를 통해서가 아닌 하나님의 음성을 청종하려는 백성들을 통해 그분의 뜻을 이루시고 영광을 받고 싶어 하실 것입니다. 그렇기 때문에 주님 앞에 겸손한 지도자는 하나님의 관점에서 결코 패배하지 않습니다.

진정한 겸손함으로 무장한 리더는 어떤 모습일까요? 그는 모든 순간과 상황에서 먼저 하나님 앞에 무릎 꿇고 기도하여 하나님의 뜻을 여쭙고 보호하심을 구합니다. 세상의 그 어떤 권세나 환경에 따라 의사결정을 하는 것이 아닌 하나님의 뜻에 따라 움직입니다. 그리하여 비단 내 힘에 벅찬 힘들고 어려운 과제 앞에서만이 아닌 습관처럼 지나가는 일상의 평범함 속에서도 주님의 도우심을 구하고 감사합니다. 왜냐하면 하나님 앞에 겸손한 리더는 자신이 사는 이 땅의 지나가는 찰나의 순간순간에서도 주님의 영원한 나라를 드러내는 것을 소망하며 살기 때문입니다.

솔로몬 왕 사후 남북으로 나뉜 이스라엘은 북이스라엘이 아시리아에게 먼저 멸망하고 남 유다는 바벨론에 멸망한 후 포로로 잡혀갔습니다. 유다 왕국 백성들이 70년의 포로 생활 후 풀려났을 때 에스라는 예루살렘으로의 2차 귀환을 책임졌던 사람입니다. 그는 이스라엘 최초의 대제사장이자 모세의 형이었던 아론의 16대 손이었습니다. 또한 율법학자로서 페르시아 왕으로부터 신망 받던 자였습니다. 그런 그에게도—태어나 한 번도 가본 적이 없는 조상의 땅까지 5개월이나 걸리는 그 길을— 많은 백성을 데리고 떠날 준비를 하는 동안 두려움이 엄습했습니다. 그렇기에 그는 출발에 앞서 가장 먼저 아하와 강가에서 금식을 선포하고 하나님 앞에서 간구했습니다.

그곳 아하와 강가에서 우리 모두는 금식을 선언했습니다. 우리는 하나님 앞에서 겸손해지기를 원했습니다. 그리고 우리 자녀와 함께 모든 재산을 가지고 안전하게 여행할 수 있게 되기를 하나님께 간구했습니다. 나는 왕에게 군대와 기마병을 보내 달라는 말을 하기가 부끄러웠습니다. 군대를 보내 준다면 길에서 만날지도 모르는 원수들을 물리쳐 이길 수 있겠지만, 우리는 이미 왕에게 "누구든지 하나님께 복종하는 사람은 하나님께서 도와주시지만, 하나님을 저버리는 사람은 진노를 받게 될 것입니다"라고 말한 적이 있기 때문입니다. 우리는 금식을 하면서 여행하는 동안 안전하게 지켜 달라고 하나님께 기도드렸습니다. 그러자 하나님께서는 우리의 기도를 들어 주셨습니다. (에스라 8장 21절~23절 『쉬운성경』)

그것이 중요한 일이든 사소한 일이든 급한 일이든 여유가 있는 일이든 자신에게 맡겨진 일과 사람들, 심지어 소유물의 평탄한 길을 위해 하나님께 간구하는 지도자를 둔 백성들은 얼마나 복된 사람들일까요? 반드시 한계가 있을 수밖에 없는 세상의 정보나 인맥, 학벌이나 네트워크에게 길을 묻기 전에 먼저 하나님 앞에 겸비하게 간구하여 하나님께 평탄한 길을 응낙 받는 지도자를 두었으니 말입니다. 그 하나님의 응낙함이 떨어져야—기도를 들어주셔야— 세상의 정보나 인맥, 학벌이나 네트워크 또한 복된 길로 인도함을 받게 된다는 것을 믿는 지도자를 말입니다. 결국 하나님의 응낙하심을 얻고 나자 출발 이후 5개월 동안 에스라와 이스라엘 백성들은 위협이나 힘든 일 없이 예루살렘에 도착할 수 있었습니다. 예루살렘 성전을 위해 페르시아 왕이 보낸 엄청난 금과 은들을 가지고 움직였음에도 그 어떤 도적이나 위협도 주님께서 허락하시지 않으셨던 겁니다. 지도자가 주님 앞에 겸손함으로 무릎을 꿇고 주님의 도우심을 구하는 것이 그 백성들 영육간의 안위에 얼마나 중요한 것인지 보여주는 장면입니다.

에스라의 하나님의 도우심을 믿는 겸손한 믿음이 얼마나 강했던지, 왕에게 적군을 막고 그들을 도울 보병과 마병—군대와 기마병—구하기를 부끄러워했다고 합니다. 상식적으로 생각했을 때 길을 떠날 것을 허락하고 도운 당시 페르시아 왕에게 자신들을 도와줄 병사를 요청했다면 분명 도움을 받으며 안심하고 움직일 수 있었을 것입니다. 그러나 그것이 하나님께서 응낙하시는 알이 아닌 이상은 문제가 해결되었을 때, 도움을 준 페르시아 왕이 하나님의 자리에 대신 앉아 하나님의 영광을 가릴 수 있습니다. 그것을 아는 에스라는 페르시아 왕에게 도움을 구하는 것을 부끄러워했습니다. 또한 당시 페르시아 왕인 아닥사스다 왕은 "하늘의 하나님의 전을 위하여 하늘의 하나님이 명령하신 것은 삼가 행하라. 어찌하여 진노가 왕과 왕자의 나라에 임하게 하라"라는 말로 에스라의 귀환을 허락하고 독려했던 자입니다. 하나님의 능하신 손대신 왕 앞에서 무릎을 꿇고 도움을 요청하여 모든 일이 이루어진다면 하늘의 하나님의 명령에 따라 움직인다고 선포한 이방 페르시아 왕 앞에서 그 또한 부끄러운 일이었을 것입니다.

미국인들이 가장 좋아하는 대통령 중의 하나가 에이브러햄 링컨Abraham Lincoln, 1809~1865입니다. 그는 하나님을 믿는 신실한 사람이었습니다. 너무 가난해서 학교조차 제대로 다닐 수 없었던 그였지만 어머니께서 물려주신 성경책을 통해 믿음을 든든히 세워갔고, 그런 그에게 하나님께서는 미국 역사에서 내전 시기라는 가장 힘든 시간을 맡기셨습니다. 어쩌면 그 시간을 맡기시기 위해 그가 자라는 동안 모든 역경을 허락하셔서 정직한 성품과 넓은 관용과 굳센 믿음을 키워주셨는지도 모르겠습니다. 남북 전쟁이 한창일 때 북군이 승리하자 많은 사람들이 하나님께서 자신들의 편이라며 기뻐했습니다. 그때 그 사람들을 보며 링컨이 한 이야기가 있습니다. 하나님께서 우리 편이신 것을 기뻐하는 것이 아니라 우리가 하나님 편인지를 생각해야 한다는 말이었습니다.

"나는 남들보다 하나님께 더 사랑을 받아 높은 위치의 리더가 되었다"라고 믿는 것은 자신에게는 큰 자신감을 줄 수 있을지언정 다른 사람에게는 열등감을 불러일으켜 상처를 주는 불완전한 리더십입니다. 그것은 심지어 하나님으로부터 사랑을 덜 받는다는 엄청난 상실감을 다른 사람에게 안겨줌으로써 실족하게 하는 리더십입니다. 링컨이 고백한 것처럼 진정한 리더는, 다른 사람과 똑같이 불완전한 자신이 하나님 편에 서서 하나님의 도움으로 이끌어가고 있는지를 계속 점검하며 걸어가는, 가장 존귀하신 주님 앞에 겸손함으로 무장되어 있는 사람입니다. 왜냐하면 그런 지도자는 하나님 앞에 자신의 부족함을 항상 인정하기에 두렵고 떨림으로 매 순간 서는 자입니다. 그렇기 때문에 하나님께서 사랑하시는 사람들, 그 사람이 부귀한 사람이든 비천한 사람이든, 가진 사람이든 없는 사람이든 상관없이 그 하나하나 앞에 교만할 수 없습니다. 그래서 하나님의 전능하신 손길 아래 자신에게 맡겨진 모든 일을 겸비하게 해나갈 것이기 때문입니다.

자녀들이 다른 사람을 이끄는 자리에 서기를 원하십니까? 그렇다면 주님께서 우리 자녀에게 진정한 겸손함을 주시기를 기도해야 합니다. 주님께서 기뻐하셨던 리더들의 삶이 들어 있는 성경과 믿음의 선진들의 이야기를 통해 진정한 겸손함을 지식적으로도 알려주며 이해시키고 공감시켜야 할 것입니다. 더불어 이런 겸손함을 가질 수 있는 경험들을 내 자녀의 삶에서 반드시 허락하시기를 기도해야 합니다.

물론 그 과정에서 내 사랑하는 자녀에게 주님께서는 섬김을 받는 것이 아닌 가장 낮은 자리에서 다른 사람을 섬기는 시간을 주실 수도 있습니다. 그걸 보는 부모는 아마도 그것 때문에 자존심이 상하고 마음이 아플 수도 있을 겁니다. 그러나 그런 모든 과정 속에서 "너는 왜 그 역할밖에 안 되느냐, 그 아이의 밑에서 자존심도 안 상하느냐, 왜 그렇게 리더십이 없느냐"며 지나가는 말로라도 행동으로라도 자녀에게 상처를 주어서는 안 됩니다. 그러면 아이들은 그런 부모님의 기대에 부응하기 위해 하나님에 대한 신뢰가 아닌 '사람'의 기대에 따라 움직이는 아이가 됩니다. 또한 그것이 안 될까 하여 두려움에 전전긍긍하는 눈치 보는 아이가 됩니다. 그 모든 것은 우리 자녀를 겸손함으로 무장시켜주시기 위한 주님의 훈련임을 아이와 함께 말씀으로 나누며 믿음으로 주님 앞에 무릎 꿇고 같이 기도해야 합니다. 그 모든 훈련이 끝날 때까지 함께 헤쳐 나가는 과정에서 사랑과 믿음의 눈으로 자녀를 독려하면서 우리 또한 성숙한 부모가 될 기회를 얻을 수 있기 때문입니다.

리더십이 없는 자녀는 없습니다. 본인이 자신의 리더십을 발휘할 수 있는 장들과 그 시간이 다를 뿐입니다. 저 또한 유치원 때 자기보다 더 조그만 친구임에도 그와 놀기 위해서라면 자존심 없이 어떤 짓도 서슴지 않던 아들의 모습을 보면서 속이 터진 적이 있습니다. 전 학창시절 리더십이라면 빠지지 않아 별별 장을 다 해보았고 심지어 초등학교 때는 담임선생님이 안 계실 때 반장으로 떠드는 남자아이들을 대걸레로 위협하며 군림(?)했던 전적이 있는지라, 도대체 저 아이는 왜 그런가 싶기도 해서 기가 막히기도 했습니다. 그러나 이제는 그 모든 것이 다 주님의 섭리임을, 다른 사람을 잘 섬기는 사람이 섬김을 잘 받을 수 있는 겸손한 자가 될 수 있다는 그 깊으신 뜻을 깨닫게 해주시는 주님 은혜에 감사할 따름입니다. 이제는 나지막한 말 한마디에도 사람이 청종할 수 있는 무게와 어려움을 아들에게 허락해주실 주님 능력을 믿고 그저 감사할 뿐입니다.

책에서 머리로 배운 것이 아닌 가정에서든 학교에서든 혹은 친구 관계에서든 주님께서 허락하신 그런 모든 과정을 통해 하나님 앞에서 겸비한 성품을 온 마음으로 경험으로 영혼으로 온전하게 소유할 때 우리 자녀들은 다른 사람들 앞에서도 겸손하고 온유해질 것입니다. 또한 그와 같은 모습으로 주님께서 기뻐하시는 장성한 분량만큼 우리 자녀들이 자라났을 때 우리도 모르는 사이에 우리 자녀들은 그들이 가야할 곳에서 꼭 필요로 하는 리더십의 품성을 갖추게 되었을 것이며 그것을 통해 주님은 그들을 반드시 높여주실 것입니다.

주 앞에서 낮추라 그리하면 주께서 너희를 높이시리라.

(야고보서 4장 10절)

# 재정

네 하나님 여호와를 기억하라 그가 네게 재물 얻을 능력을 주셨음이라
이같이 하심은 네 조상들에게 맹세하신 언약을 오늘과 같이 이루려 하심이니라

(신명기 8장 18절)

부하려 하는 자들은 시험과 올무와 여러 가지 어리석고 해로운 욕심에
떨어지나니 곧 사람으로 파멸과 멸망에 빠지게 하는 것이라. 돈을 사랑함이
일만 악의 뿌리가 되나니 이것을 탐내는 자들은 미혹을 받아 믿음에서 떠나
많은 근심으로써 자기를 찔렀도다. (디모데전서 6장 9절~10절)

많은 부모님들이 자녀에게 경제관념을 세워주고 싶어 합니다. 그래서 자녀들이 일정 나이가 되면 아르바이트를 해서 돈을 벌어보게 하고, 그 과정을 통해서 돈 버는 것이 쉽지 않으며, 그렇기에 돈은 아껴서 잘 써야 한다는 것을 가르쳐주고자 합니다. 물론 그런 과정 속에서 아이들은 어른이 되어갑니다. 자기 손에 쥐어진 지폐 한 장을 위해 얼마만 한 시간과 노동과 땀이 필요했는지, 돈을 쥐고 이리 계산하고 저리 생각하는 속에 '어른의 마음'이 있습니다. 그래서 아껴 쓰고 저축하고 모으고 불리는 자녀들의 모습이 어른들에겐 그저 대견하기만 합니다. 반대로 아무 생각이나 계산 없이 마구 쓰는 자녀를 보면 "고생을 안 해봐서 그런다"면서 혀를 끌끌 차기 일쑤입니다. 무엇을 위해 아끼고 모으고 저축해야 하는지, 어떤 기준을 가지고 물질을 써야하는지 알려주지 않은 채 무조건 알뜰하게 자라는 아이를 대견하게 여기는 어른을 보며 자녀들은 그런 모습에

자신을 맞추려 합니다.

세상은 "돈이 인생에서 전부는 아니다. 하지만 그만 한 것이 없다"라는 말에 공감하며 특별한 날 선물도 돈으로 주고받는 것을 가장 기뻐합니다. 그래서 심지어 꽃과 함께 돈 자체를 포장하는 '돈 상자'라는 아이템도 등장했고, 심지어 '미안하다, 고맙다, 축하한다'는 마음도 돈으로 표현하는 사람을 "감각 있다"라고 평가합니다. 하지만 실제로 그렇게 얻은 돈으로 무엇을 하고 싶은지 정말 원하는 것이 무엇인지, 단순히 잘 먹고 잘 살고 싶은 건지, 아니면 그 가운데에서 다른 사람들에게 인정받고 싶어 하는 것인지 정작 우리는 잘 알지 못합니다. 그렇기에 아이들이 왜 돈을 많이 벌어야 하냐고 물을 때 명확하게 정당한 반론의 여지없는 답을 할 수 없는 것입니다.

그러나 다른 모든 우주 만물의 법칙과 마찬가지로 재정 문제 또한 주님 앞에서는 명확합니다. 세상 부모들이 돈을 벌고 돈을 쓰는 기준과 하나님께서 자녀인 우리에게 가지길 원하시는 재정관은 정말 많이 다릅니다. 주님은 우리가 물질을 많이 버는 법보다 잘 쓰는 법을 먼저 배우길 원하십니다. 많이 가진 사람이든 적게 가진 사람이든 그가 가지고 있는 모든 것이 하나님으로부터 온 것이기에 실소유주는 하나님이시라는 것을 알기 원하십니다. 내게 있는 모든 것들은 잠깐 내게 맡겨진 것이기에 그 재물을 주신 하나님이 원하시는 대로 써야 하나님께서 기뻐하신다는 것을 알기 원하십니다. 그래서 그런 내가 되어야 하나님께서 풍요한 재물을 맡기신다는 것을 깨닫기를 원하십니다.

대부분의 사람은 재물이 내 수고의 결과물이라 생각합니다. 나의 노동과 시간과 땀과 눈물의 결과물로 들어온 것이기에 내 것이라고 생각하기 쉽지요. 안타깝게도 그리스도인이라고 해서 크게 다르지 않습니다. 넉넉한 마음을 가진 사람이라 할지라도 돈에 관해서만큼은 여유롭고 관대한 마음을 가지기 어려운 것이 사실입니다. 그러나 내가 노동할 수 있는 환경을 마련해주신 분도, 내게 그 노동의 시간을 허락해주신 분도, 그리고 내가 그렇게 일할 수 있는 건강과 마음을 허락하신 분도 주님이시라는 것을 믿고 고백한다면 그로 인해 내게 주어진 재물이 주님의 것이라는 마음을 가질 수 있습니다. 그럴 때 주님께서 원하시는 대로 물질을 쓸 수 있습니다. 그렇게 주님이 원하시는 곳에 재물을 흘려보낼 수 있는 사람을 주님은 주님 일에 사용하고 싶어 하십니다. 따라서 주님으로부터 큰 재물을 받아 부유한 사람이 되고 싶은 사람은 그만큼 내가 주님께 신임을 받아야 합니다. 내가 주님을 믿는다 하는 만큼 주님께서도 나를 믿으실 수 있도록 나 또한 신실해야 한다는 뜻입니다. "우리는 주님의 심부름꾼이요, 청지기에 불과합니다"라는 고백이 삶 전체에서 흘러나오는 사람 말입니다. 기저귀를 찬 젖먹이 아기에게는 백만 원짜리 수표가 휴지에 지나지 않습니다. 그러니 그 아가에게 그런 '거액'을 맡기지 않습니다. 일제 강점기 만주의 독립운동가에게 한반도 사람들이 모은 독립자금을 운반하는 책임을 맡긴 사람은 아무리 작은 돈이라도 본인 주머니에 들어가지 않고 끝까지 목숨을 걸고 온전하게 잘 전달할 수 있는 믿을 수 있는 사람이었을 것입니다.

마찬가지로 우리가 주님께서 물질을 주셨을 때 변질되지 않고 그 가치를 알아 주님 뜻에 맞게 쓸 수 있는 자가 먼저 되어야 주님께서 물질을 허락하실 것입니다.

많은 사람들이 이렇게 기도합니다. "돈을 주시면, 이 문제를 해결해주시면, 주님께 이렇게 저렇게 해드리겠습니다"하고요. 그런데 하나님께서는 우리의 완악한 마음을 너무나 잘 아십니다. 문제 앞에 있을 때에는 무릎 꿇고 모든 것 주님께 드린다 하면서 그 문제가 해결되고 나면 원래 그 문제는 해결될 문제였던 것처럼 생각하며 자신이 해결한 것 같이 생각할 거란 사실을 말입니다. 혹은 아직 때가 이르지 않았는데도 주님께서 해결해주셨다고 온갖 곳에 '간증'이라는 이름으로 마구 퍼뜨리면서 결국 그런 은혜를 입은 자신을 높이는 교만을 가지게 될 것임을요. 우리 자녀들도 예외가 아닙니다.

자녀들의 마음에 그런 완악함과 교만이 들어오지 못하게 하는 가장 좋은 훈련 방법이 있습니다. 바로 '미리 감사'를 심게 하는 것입니다. 아직 해결해주시지 않았지만 해결해주실 것을 믿고, 해결되었다고 고백하면서 미리 그 모든 것을 도와주심에 감사 예물을 주님께 드리는 겁니다. 혹은 그 문제가 생기게 된 이유를 살펴 내 죄악에서 비롯되었거나 다른 사람들의 죄가 생각난다면 그 문제를 놓고 회개 예물을 드리게 하는 것입니다. 그럴 때 주님께서는 그 마음을 받아주십니다. 액수가 많고 적음은 문제가 아닙니다. 그렇게 돈으로 대표되는 자신의 피와 눈물을 아직 문제 해결이 눈에 보이지 않는 데에도 주님께 믿고 드릴 수 있는 그 믿음을 주님께서 기특하게 보실 수밖에 없을 테니까요.

우리 자녀들이 주님 안에서 부요한 삶을 사시기를 원하십니까? 그렇다면 버는 법보다 쓰는 법을 먼저 가르쳐야 합니다. 주님께서 원하시는 대로 재물 쓰는 훈련을 어렸을 때부터 주님 안에서 시키셔야 합니다. 용돈을 받으면 가장 먼저 제일 좋은 마음으로 십일조를 구별해놓고 그 외에도 여러 기도 제목을 놓고 회개와 감사 예물로써 자신의 마음을 주님께 드립니다. 그러면서 자신의 소용이나 다른 사람을 위해 사용하는 훈련이 되어 있는 사람의 작은 것에 충성하는 그 모습을 주님은 보십니다. 그 후에 주님께서 우리 자녀에게 큰 것을 맡겨주시는 거지요. 그럴 때 오는 어떤 물질에도 주님께 감사를 드릴 수 있는 자에게 하나님께서는 그 모든 것을 허락하실 것입니다. 만약 부모인 우리가 아직 그렇지 못하다면 우리가 먼저 제대로 살아야합니다.

어떤 사람들은 예수님께서 십자가 화목제물로 돌아가셨는데 우리가 올리는 예물이 왜 필요하냐고, 하나님은 모든 것을 거저 주셨다고 했는데 왜 드려야 하냐고 묻습니다. 만약 예수님께서 우리를 위해 십자가에 달려 돌아가시지 않았다면 우리는 지금도 각 절기에 맞춰 이스라엘에 가야했을 것입니다. 마치 이슬람교 신자들이 메카에 순례를 꼭 해야 하는 것처럼 말입니다. 거기에서 소나 양을 잡아 제물을 올려드려야만 속죄를 하거나 감사를 하는 것이라고 했을 것입니다. 그러나 예수님께서 돌아가심으로 말미암아 저희에게 허락하신 성전에서 올려드리는 제물도 기뻐 받아주실 수 있게 되셨습니다. 그러므로 그 문제는 우리가 올려드리는 감사를 불필요한 것으로 여겨도 되는 이유가 아닙니다.

또한 하나님께서는 모든 것을 거저 주신 것이 맞습니다. 그러므로 저희도 다른 사람들에게 저희를 통한 은혜를 거저 베푸는 것이 맞죠. 하지만 "주님께서 거저 주셨으니 우리도 거저 받는다"는 아닌 것 같습니다. 그분은 우리에게 공짜로 주셨지만 우리는 그것에 대해 감사함으로 공짜로 받지 않는 것이 더 아름답고 성숙한 모습이 아닐까요? 어쩌면 주신 은혜가 너무 감사해서 표현해드리지 않고는 못 견디는 마음이 거저 받지 않는 모습인지도 모르겠습니다. 물론 우리가 어떤 감사함을 표현한다 해도 그분께서 우리를 위해 대신 죽으시고 우리에게 영원한 생명을 주신 그 은혜를 갚을 수는 없습니다. 그래서 어쩌면 "무엇을 해도 갚을 수 없으니 이걸 통해 갚을 수 있겠지 하는 그런 마음을 가지지 말라"고 거저 받으라 하셨는지도 모르겠습니다.

많은 분들이 '없는' 상태에서 기도해서 받은 것들을 간증하십니다. 그래서 하나님께 요구하고 그것을 받은 것이 기도의 응답이며 주님이 동행하시는 증거라고 어렸을 때부터 가르치면서 기도 훈련을 시키기도 합니다. 하나님께서는 아브라함이 이삭을 바치는 시험을 통과한 이래 '주시는 하나님'이시니 당연합니다. 그러나 '주시는 하나님'이 되심은 아브라함의 '드림'이 있었기 때문이며 '드림'이 있은 후의 역사입니다. 주님께 요구하고 받기 이전에 먼저 내가 하나님께 드려 비워낸 삶을 살고 있어야 합니다. 내 정욕에 쓰려다가 발버둥 치다 다 없애서 텅 빈 것이 아닌, 주님께 드리고 난 후의 깨끗해진 삶에 주님께서 은혜를 부어주셨다는 말씀에 영적으로 더 도전받아야 합니다.

하나님께 드릴 때와 드린 후의 자세를 가르치는 것도 굉장히 중요합니다. 사실 우리가 하나님께 드린다 하여 하나님께서 다 받아주시는 것은 아닙니다. E-mail의 끝은 받는 사람이 받고 그에 대한 응대까지 돌아왔을 때가 아닙니까? 마찬가지로 우리가 하나님께 물질을 드리는 것이 끝이 아니라 하나님께서 그것을 받아주심에 감사하는 것이 드림의 끝입니다. 그렇기에 많이 드린다 하여 교만해질 수 없고 그 이후 문제가 해결되었다 하여 내가 드린 것으로 문제가 해결되었다는 이상한 신앙관에 빠질 염려도 없습니다. 그리고 더욱 중요한 것은 그렇게 하면 그것을 드리고 났을 때 그것이 어디에 쓰였는지 그 물질의 쓰임에 대해 궁금해 하지도 시험에 들지도 않게 됩니다. 많은 분들이 교회에서 십일조나 헌금을 드린 것에 대해서 시험 드는 부분이 이런 것입니다. "내가 낸 십일조가 불쌍한 사람들 돕는 데에 쓰였으면 좋겠는데, 교회 전기세를 냈다더라, 전도사님 생활비로 드렸다더라." 그러면서 마치 가치가 없는 데 쓰인 것처럼 그래서 내 돈을 내가 원하는 대로 쓰지 않은 것에 대해 화를 내고 노여워하고 그래서 그렇게 쓰라고 낸 게 아니라며 더 이상 십일조를 헌금을 드리지 않겠다고 합니다.

성경 말씀에 이런 부분이 있습니다. 예수님께서 십자가에 달려 돌아가시기 직전 예수님을 통해 구원을 받은 마리아가 예수님 앞에 와서 옥합을 깨고 향기로운 나드 한 근을 예수님의 발에 부었습니다. 그리고 자신의 눈물로 머리칼로 예수님의 발을 씻어드렸습니다. 그것을 본 가룟 유다가 말했습니다. "저 향유를 삼백 데나리온 이상에 팔아 가난한 사람들에게 줄 수 있었겠다"라고 말입니다. 삼백 데나리온은 지금 가치로 표현하면 이천만 원 정도라고 합니다. 한 번 붓기에는 정말 큰돈인 거죠. 지금 표현으로 하자면 목사님 앞에 1년 부은 적금을 혹은 1년 치 월급을 헌금한 것입니다. 이때 예수님께서는 우리가 예상하지 못한 내용을 말씀하십니다.

예수님께서 말씀하셨습니다. "가만두어라. 어째서 여자를 괴롭히느냐? 그는 내게 좋은 일을 했다. 가난한 사람들은 항상 너희와 함께 있으므로, 원하면 언제든지 좋은 일을 할 수 있다. 그러나 나는 항상 너희와 함께 있는 것이 아니다. 여자는 자기가 할 수 있는 일을 했다. 죽기 전에 내 장례를 위해 내 몸에 향유를 부어 준 것이다. 내가 너희에게 진정으로 말한다. 복음이 온 세상에 전해질 때, 이 여인이 한 일도 알려져서, 사람들이 기억하게 될 것이다."
(마가복음 14장 6~9절 『쉬운성경』)

예수님이 가난한 사람들을 천대하시고 예수님 스스로 높아지길 원하셨기 때문일까요? 세상의 그 어떤 사람보다 눈 먼 자, 병든 자, 가난한 자, 억눌린 자, 소외된 자를 위해 새벽부터 밤까지 쉬실 틈도 없이 기도하시고 고쳐주시고 천국을 전파하셨던 그분께서 그런 마음을 가지셨던 것은 절대 아닐 겁니다. 아마도 그것은 예수님의 돌아가심과 장례식의 예표인 그 옥합의 깨뜨림이 그 순간에는 가난한 자를 돕는 것보다 더 주님의 뜻에 합했기 때문일 것입니다. 결국 중요한 것은 재물을 드리고 쓰임 받는 모든 과정이 주님의 뜻에 맞춰져야 한다는 겁니다. 누가 냈든 그 모든 물질은 다 주님의 것이니 말입니다.

이러한 말씀에 비춰본다면 십일조의 쓰임에 시험을 드는 것은— 참 조심스러운 말씀이지만— 주님 앞에 상당히 교만한 자세입니다. 그것은 마치 자녀가, 부모인 우리에게 달마다 용돈을 주면서 우리가 본인이 원하는 대로 쓰지 않는다고 용돈을 주지 않겠다고 하는 것과 같습니다. 우리는 생활에 필요한 장을 보고 싶은데 자녀는 그들이 생색낼 수 있는 화려한 구두를 사지 않았다고 비판하며, 쓴 내역을 본인들에게 보고하라고 하는 것과 마찬가지라는 말씀입니다.

우리는 십일조를 하나님께 낸 것입니다. 드리고 나면 그것은 더 이상 내 것이 아닙니다. 자녀가 우리에게 용돈을 주면 그 용돈은 더 이상 그들의 것이 아닌 것처럼 말입니다. 그 이후부터는 하나님의 문제이십니다. 하나님께서 그 사용을 담당할 권리를 주신 제사장들에게 맡기시는 것이고 나머지의 부분은 그분들 순종의 문제입니다. 그분들이 잘 쓰든 못 쓰든 그것은 그분들과 주님의 문제로 그분들이 잘못 사용하면 주님께서 다루실 문제이지 내가 심판할 문제가 아닌 겁니다. 드림으로써 그리고 받아주심에 감사함으로써 내 순종

은 끝났습니다. 그 이후로는 잊으면 됩니다. 내가 드림으로 결과까지 얻어야 한다는 것은 지극히 인본주의적인 생각입니다. 하나를 투입하면 반드시 하나 이상이 나오고 그것을 곧 투입한 투자자에게 보고해야 하는 것, 이것은 지극히 세상적인 교육 방법의 결과입니다. 때로는 내가 드렸는데 열매를 맺지 못하고 그것이 다른 사람의 열매가 될 수도 있습니다. 하지만 그렇기에 나 또한 내가 심지 않은 나무에서 열매를 걷을 수 있게, 내가 짓지 않은 집에서 살 수 있게끔 해주시는 것입니다.

아는 분 가운데 어머니께서 굉장히 신실하신 집안이 있습니다. 아들의 대가 4대째 믿는 가정의 중심이신 그 어머니는 연세가 아흔이 넘으셨어도 새벽 4시면 일어나 가족 모두의 이름을 부르며 매일 아침 기도로 문을 여셨습니다. 그분의 기도로 자녀들은 모두 남부럽지 않게 잘 살고 그 자손들도 번창했습니다. 자손 가운데 세상적으로 높은 지위에 있는 사람들도 많이 나왔습니다. 저는 그분의 기도와 예배 생활에서의 열심을 뵙고 그 가정의 화목과 자손들의 세상 속에서의 성공을 보며 그분의 신앙을 정말 존경했습니다.

그 어머니가 하늘나라에 가실 때가 되어 주님께서는 저와 단 둘이 말씀을 나누는 시간을 허락하셨습니다. 그런데 놀랍게도 그 시간에 어머니께서는 제 안의 성령님 앞에서 눈물로 회개하셨습니다. 자식들의 세상에서의 출세와 돈을 버는 것에 대한 기도만 쌓았지 영적 귀족의 자리에 올려놓지 못했음을, 그 많은 자녀 중에서 한 명도 주의 종으로 드리지 못했음을, 자녀들이 하나님을 만나기 위해 필요한 고난을 다 막아서 그들의 물질관이 제대로 서지 못하게 하셨음을 철저히 회개하셨습니다. 그 자녀들이 성경책을 옆구리에 끼고 주일마다 교회에 나가 직분들은 받았으나 물과 성령으로 거듭난 자들은 되지 못한 것에 대해, 세상적인 복은 받았을지언정 영적인 기도의 맥이 이어지지 못한 것에 대해, 특히 막내는 임신하셨을 때 하나님께서 구해주셨기 때문에 하나님을 잘 믿고 살아야 하는데 그런 막내가 심지어 하나님을 부정하며 어머니께 돈을 드리고 싶지만 교회에 가져다줄 테니 돈을 드릴 수 없다고 하는 지경에까지 이르렀다는 것에 대해, 그 모든 것이 당신의 죄 때문이라고 눈물로 회개하셨습니다. 육으로 한없이 약해지신 그분을 안고 같이 얼마나 울었는지 모릅니다.

장례식 때문에 자녀들이 주일 예배에 참석치 못할까 봐 목요일에 하늘나라로 가신 주님이 사랑하시는 그 어머니. 그 기도자가 사라진 가정에 그동안 미루어져 있던 주님의 죄 물으심이 자손들에게 어떻게 임할지 알 수 없습니다. 특히 물질로 그 어머니의 마음을 아프게 하여 하나님 앞에 죄를 지었던 사람들에게 어떤 일이 있을지 알 수 없습니다. 저는 그저 가시기 전에 주님 앞에 회개하신 그 어머니의 눈물을 받아주신 주님께서 그 자손들로 하여금 어머니 기도의 맥을 잇게 해주시길, 그분은 천국에 계시지만 그분의 가장 아름다운 기도들이 이 땅에서 선한 열매를 맺을 수 있길 기도할 뿐입니다.

현대 사회에서 주님과 대적할 수 있는 유일한 권력은 돈입니다. 어떤 교회에서 새벽 기도에 성도들이 나오지 않기에 새벽 기도 나오는 성도마다 돈을 주었더니 새벽 기도 자리가 꽉 찼다는 씁쓸한 이야기는 교회 내에서도 발휘되고 있는 돈의 힘을 보여줍니다. 기도하러 가는 부인에게 세상 남편들이 핍박하며 하는 말들도 그렇습니다. "거기 가서 기도한다고 돈이 나오나, 밥이 나오나? 그 시간에 알바라도 뛰는 게 낫지"라고 말입니다. 부인이 가서 기도함으로 남편이 일할 수 있는 건강이 유지되고, 상사와 싸워도 해고되지 않고, 출퇴근 할 때 사고 나지 않고, 다니는 회사가 부도나지 않고, 때 되면 월급이 나온다는 것은 세상 사람들이 모르는 비밀입니다. 그러니 그런 권력자인 돈에 맞서 하나님의 뜻을 우선으로 하는 사람, 돈을 하나님의 방법에 맞추어 쓰는 사람을 하나님께서는 가장 사랑스러운 눈으로 바라보십니다. 그런 성숙한 재정관을 가진 자에게 하나님께서 많은 것을 부어주시는 것은 당연합니다.

주님께 재물을 드림으로써 행복한 부자가 된 사람들에 대한 이야기와 저자의 고백을 써내려간 책이 있습니다. 바로 『십일조의 비밀을 안 세계의 부자들』(박은몽, 문예춘추사, 2010)입니다. 저도 그 책을 통해 많은 은혜를 받았습니다만 그와 함께 그 책에 대한 리뷰를 쓴, 믿음의 기업가가 아닌 평범한 월급쟁이(본인의 표현에 따르자면) 블로거의 고백에 더 공감이 되었습니다. 아마도 저희의 일상에 더 가까운 데에서 나온 고백이기 때문일 것입니다.

십일조. 나는 잘 모르겠다. 그저 마땅히 해야 될 것이라는 이것은 나의 믿음의 고백이요 신앙의 고백이다. …처음 십일조 생활을 시작한 것도 첫 직장 이후 어머님 한마디 때문이었다. 그저 순종하였을 뿐이다. 그때의 그 순종하는 마음을 지금 하나님은 내게 받기 원하신다. …하나님은 나의 돈을 받으시는 것이 아니다. 하나님은 우리의 돈을 원하시는 것이 아니다. 경제적인 계산으로는 이해할 수는 없지만 물질은 지금 현시대를 살아가는 우리의 믿음인 것 같다. 지금 나는 죽음을 요구하는 시대에 태어나 신앙의 탄압에 있지도 않고 자유롭게 편안하게 믿음 생활을 하고 있다. 그런 시대에 십일조는 어떤 의미일까?… 책 속의 내용을 보면 대체적으로 공통적인 부분이 있는데 그것은 믿음의 부모가 있다는 것이다. 나 또한 나의 후대에게 믿음의 유산을 남기리…. (https://blog.naver.com/sungmi1028/220578773677)

신앙을 목숨 걸고 지켜야 하는 시대가 아닌 현재 대한민국에서 믿음을 고백하는 것이 물질과 관련 있다고 생각한 것이 정말 중요한 지점입니다. 그래서 교회를 다니다가 기도 많이 하라는 말씀에 시험 들어 교회 다니기를 그만둔 사람은 없지만 헌금을 하라는 말씀에 시험 들어 그만둔 사람들이 십중팔구 많은 것입니다. 그렇기에 재정 시험을 통과한 사람들을 주님께서는 마치 로마 시대 짐승 가죽이 씌워져 개에게 잡아먹히고 묶여 태워져 횃불 대신 쓰인 죽음을 맞을지라도 마지막까지 예수님을 부인하지 않았던 순교자들을 보시는 눈으로 보시며 그에게 먼저 영적인 복을 허락하시는 겁니다. 세상 사람들은 그것이 눈에 보이는 돈으로 나타나지 않기에 홀대하지만, 영적 눈이 열린 사람들에게는 그 어떤 대가를 치르고서라도 얻고 싶은 감히 값을 물을 수조차 없는 그런 복을 말입니다.

제가 아는 분 중에 전도사님을 오빠로 둔 두 아기의 엄마가 있습니다. 부부 둘 다 믿음의 가정에서 자라서 교회에서 만났고, 자신을 위해 기도하는 남편의 모습에 반해 결혼해서 정말 주님 보시기에 아름다운 가정을 이루고 사는 사람입니다. 남편 월급의 십일조를 자신이 다니는 큰 교회가 아닌 시부모님이 섬기시는 지방의 개척 교회에 드립니다. 부모님께서 그걸 원하셨고 하나님께서도 그걸 기뻐하시기 때문입니다. 이 지점에서 십일조나 예물을 드릴 때 중요한 점을 또 하나 알 수 있습니다. '어느 곳을 통해 드리는가'의 문제이죠. 많은 분들이 교회라면 어디나 다 좋다고 생각하지만 성경 말씀에 보면 반드신 자신에게 허락된 성전이 있습니다. 주님의 뜻에 맞지 않게 물질을 드렸다가는 그것을 받은 목회자나 교회가 흔적도 없이 사라지거나 드린 자의 가는 길이 막힐 수도 있습니다. 그렇기 때문에 재물을 하나님께 드리는 것 또한 내 마음에 옳은 대로가 아닌 기도로 짚고 자신을 이끄는 영적 멘토의 권면에 순종하고 말씀으로 확답을 받고 해야 합니다.

　이렇게 주님 앞에 예쁘게 생활을 하던 자매에게 어느 순간 십일조를 드리는 것이 아까운 마음이 잠깐 들어왔었다고 합니다. 국회에서 일하는 남편의 월급이 생활하기에 적다 보니 그러했을 것입니다. 그런데 그녀가 그런 마음을 한 번 먹기만 했을 뿐인데, 그런 마음이 아주 잠깐 들었을 뿐인데, 그 다음 달부터 1년 동안 남편이 월급을 받지 못했습니다. 정말 힘든 시간을 보내야만 했다고 합니다. 그러다 다시 월급이 들어오기 시작하자 그 이후부터 그녀에게 십일조는 큰돈이 아니게 되었고 절대 아까운 것이 되지 않았습니다. 오히려 이제 드릴 수 있어서 정말 감사하다고 그 엄마는 고백했습니다. 주님이 정말 사랑하시는 부부인 거죠. 그저 잠깐 생각만 했을 뿐인데도 그 죄 마저도 허락하지 않으시고 그분의 뜻을 그대로 보여주시니 말입니다. 세상 여자들 같으면 남편의 무능함을 탓했겠지만, 어렸을 때부터 신앙 속에서 자라난 자매였기에 자신의 죄임을 깨닫고 하나님 앞에 엎드렸기 때문에 남편과의 사이는 더 돈독해졌고 신앙은 더욱 성숙했습니다. 이러한 영적인 복을 먼저 받아 하나님 앞에 온전하게 만들어진 자에게 언젠가는 주님께서 더욱 큰 물질의 복을 허락하지 않으시겠습니까?

내가 나를 높이기 위해 혹은 나의 원하는 것을 만족하기 위해 돈을 쓰는 것이 아니라 먼저 성령님께서 원하시는 곳에 감사함으로 드릴 수 있는 나로 만들어진다면 주님께서는 정말 기뻐하셔서 하늘의 신령한 복과 땅의 기름진 것으로 나와 내 자녀의 삶을 윤택하고 풍요롭게 해주십니다. 그런 저희라면 어쩌면 주님께서 비록 그리하지 아니하실지라도 감사하면서 생활하는 저희가 이미 되어 있을 테니 그 또한 주님께서 기뻐하실 것입니다. 그러므로 버는 것보다 쓰는 것을 주님께 먼저 배우는 훈련이 되어야 우리 자녀들이 야고보의 말씀에서 경고하고 있는 죄악에 기하지 않을 것입니다.

십일조의 비밀을 안 부자들의 공통점. 믿음의 부모가 있었다는 것이 의미심장합니다. 저희가 재벌 2세가 되고 싶은 아이들의 꿈을 이루어줄 수는 없을지 모릅니다. 하지만 믿음의 부모로 그에게 쓰는 법을 먼저 가르쳐 주님께 기쁨을 드리는 자녀로 만든다면 우리 자녀들은 이 세상의 썩어 없어질 재벌 2세가 아닌 하나님의 영원한 나라에서 영적 재벌이 될 것입니다.

한 사람이 두 주인을 섬기지 못할 것이니 혹 이를 미워하고
저를 사랑하거나 혹 이를 중히 여기고 저를 경히 여김이라
너희가 하나님과 재물을 겸하여 섬기지 못하느니라.

(마태복음 6장 24절)

우리가 다 하나님의 아들을 믿는 것과 아는 일에 하나가 되어
온전한 사람을 이루어 그리스도의 장성한 분량이 충만한 데까지 이르리니
이는 우리가 이제부터 어린아이가 되지 아니하여
사람의 속임수와 간사한 유혹에 빠져
온갖 교훈의 풍조에 밀려 요동하지 않게 하려 함이라

(에베소서 4장 13~14절)

부모에게 자녀의 상급학교 진학만큼 기대와 걱정이 함께 찾아오는 경우가 또 있을까요? 유치원에 들어가면서부터 초등, 중등, 고등, 그리고 대망의 대학 입학을 넘어, 요즘은 유학이나 대학원 진학, 더 나아가 최고의 직장에 골인할 때까지 진학 및 진급이 포함된 모든 과정은 그들의 성장을 대표하기 때문에 좌절도 있지만 대부분 기쁨이 훨씬 클 것입니다. 초등학교에 입학하는 아이의 모습을 보며 대견해 하고, 고등학교를 졸업하는 아이의 등을 두드려주는 것은 이 과정에 오기까지의 노력에 대한 기특함과 앞으로의 자라남에 대한 기대 때문이겠지요. 육적인 학습에서의 성장도 이렇게 기쁘고 대견할진대 하나님의 자녀로서 영적인 자라남이 있을 학교에 들어가 성장한다면 얼마나 기쁘겠습니까?

살다 보면 내 삶의 중요한 혼인 잔치에서 꼭 필요한 포도주가 떨어지는 때가 있습니다. 정말 당황스럽고 혼란스럽고 부끄럽고 막다른 골목입니다. 포도주가 떨어지지 않도록 아침 잠, 밤 잠 줄여가며 공부하고 일하고, 모든 가능성을 고려하여 각종 서적과 사례, 통계를 참고하여 계획을 세우며 온갖 보험을 들어놓고 별별 인맥을 다 만들고 유지하기 위해 처절하리만큼 노력했던 우리입니다. 그렇기에 우리가 그렇게 준비해놓았던 것에도 불구하고 환경에 사람에 철저하게 배신당하고 기가 막히게 무너지면 다시 일어설 수 없을 만큼 완전히 넘어집니다. 아무리 완벽하게 계획을 세워도 인간인 이상 인생에서 그런 순간은 반드시 옵니다. 우리만이 아니라 우리의 자녀의 삶에서는 더욱 그렇지 않기를 바라고 바라면서 살고, 그걸 피하기 위해서라면 무엇이든 하고 싶은 마음임에도 불구하고 말입니다.

그러나 영적인 눈으로 본다면 그 포도주가 떨어짐이 복입니다. 아무리 철저하게 준비해도 내 힘으로 할 수 없는 것이 있다는 것을 깨닫는 그 순간이 나와 내 아이의 삶에 진정한 복이 임하는 지점입니다. 왜냐하면 그때가 영적인 학교에 들어가는 입학 자격이 주어지는 시기이기 때문입니다. 그 과정에서 우리는 물로 포도주를 만드시는 예수님을 만나는 기회를 얻을 수 있고, 그런 예수님을 만나 물동이를 채우는 과정이 바로 주님께서 예비하신 영적 성장의 학교, 바로 광야학교 수업 과정입니다.


이스라엘 백성들은 모세를 통해 이끄신 여호와 하나님의 은혜에 따라 430년간의 노예 생활을 마치고 이집트에서 나올 수 있었습니다. 하나님께서 그들을 해방시켜주셨던 이유는 우리가 상식적으로 생각하는 것과 다릅니다. 우리는 하나님께서 그들을 해방시켜주신 것이 그들을 물질적으로 풍요롭고 아무런 부족함이 없는 상태로 만들어주기 위해서나 또는 다른 민족을 지배하도록 군사력과 경제력을 부어주기 위해서, 혹은 문화적으로 세계에 업적을 쌓을 큰 유적을 만들기 위해서일 것이라고 기대합니다. 우리가 하나님을 믿으면서 내놓는 기도 제목들과 유사한 맥락입니다. 인간이 생각하고 상상할 수 있는 '은혜'의 최대 한계인 거죠. 하지만 하나님께서는 우리의 기대와는 전혀 다른 이유에서 이스라엘 백성들을 출애굽 시키셨습니다.

그 이유는 구약 출애굽기 말씀 중 모세가 이집트 파라오에게 출애굽을 요구하며 전한 주님 말씀에 명확하게 나와 있습니다. 이스라엘 백성을 광야로 보내달라 하는 것은 그들이 "하나님을 섬기기 위해서"라고 말입니다. 즉, 하나님께서는 이스라엘 백성에게 약속하셨던 축복의 땅인 가나안에 들어가기 위해서 그들이 이집트에서 나와 광야에서 하나님을 섬기는 백성으로 변화되어야 한다고 말씀하십니다. 정말 출애굽을 한 이스라엘 백성들에게 모세를 통해 광야에서 하나님이 가르치신 것은 농사짓는 방법, 건물 세우는 방법과 같은 실생활에 유용한 기술이 아니었습니다. 무역이나 외교술, 전쟁 능력 등 부강한 나라가 되기 위한 필수적인 내용도 아니었습니다. 오로지 하나, 하나님께 제사 지낼 곳을 짓는 방법, 제사 지내는 방법, 제사 지내는 사람들이 평소에 지켜야 할 법 등 하나님을 어떻게 섬겨야 하는지에 관련된 내용이었습니다. 그 광야 생활 가운데서 이스라엘 백성들은 하나님을 만나는 회막(성막)을 지었고 그 회막 가운데에 구름과 불로 임재하신 주님을 만났습니다. 여호와 하나님께서는 낮에는 구름으로 덮어 뜨거운 사막 햇빛으로부터 보호해주셨고, 밤에는 불기둥으로 추위를 막아주시면서 가야 할 방향으로 그들을 인도해주셨습니다. 40년간 매일 한결같이 만나를 내려주심으로 굶기지 않으셨고, 그들이 옷이 해어져 신발이 떨어져 죽는 일이 없게 하셨습니다. 그분의 인도하심에 따라 이스라엘 백성들은 가나안을 향해 한 발 한 발 내디뎠고 비록 더디고 먼 길을 돌았을지라도 그 끝에서 가나안 정복을 달성했습니다.

그들의 역사가 보여주듯 하나님의 백성들이 인생에서 주님 주시는 복된 땅으로 대표되는 가나안을 누리려면 반드시 광야 생활을 지나야 합니다. 물도 양식도 하나님께서 주시지 않으면 아무것도 얻을 수 없고, 그 누구에게도 도움을 얻을 수 없는 그 황막한 광야에서 하나님을 섬기는 자로 변화되어야 합니다. 광야 학교에서 하나님을 섬기는 법만 철저하게 배운다면 광야 학교는 졸업입니다. 그 학교 수업을 통과하지 못한 사람인데 혹시 하나님께서 부귀나 명예, 그가 원하는 세상적인 권세를 주셨다면 그것은 그에게 '복'의 옷을 입은 '저주'에 다름 아닙니다. 왜냐하면 그랬을 때 사람이라면 그 어떤 사람이라 할지라도 그것을 주신 하나님보다 그 받은 부귀나 명예를 더욱 사랑하고 그것에 마음을 빼앗기게 됩니다. 그럼으로써 그 자체가 하나님이 가장 싫어하시는 '우상'이 되고 그것을 숭배하는 그는 결국 하나님과의 관계가 어긋나버리게 되기 때문입니다.

하나님의 광야 학교에 입학하면 그곳을 졸업하기 위해 반드시 통과해야 하는 수업이 있습니다. 그 하나가 하나님의 음성을 듣는 수업입니다. 하나님이 주시는 것만 바라보는 수업이 아닌 하나님의 음성을 통해 그분의 사랑을 듣는 수업입니다. 하나님은 말씀 그 자체이십니다. 다른 어떤 수단이 아닌 말씀만으로 이 세상을 창조하셨습니다. 그 말씀이 육신이 되어 이 땅에 오신 분이 예수님이십니다. 그렇기에 그 어떤 것보다 하나님의 음성을 듣는 것이 중요합니다. 사실 하나님은 온 세상 만물에게 쉬지 않고 말씀하시고 음성을 들려주시고 계십니다. 대부분 사랑의 음성입니다. 하나님의 음성은 보통 우리가 듣거나 생각하는, 머리에서 귀에서 들리는 물리적 감각적 소리가 아닙니다. 그 음성은 마음에서 들려오는 영적인 감동의 소리입니다. 우레처럼 크게 날카롭게 지르는 소리가 아니라, 세미한 음성이지만 단호하며, 부드럽지만 큰 감동으로 마음과 몸을 기꺼이 움직이게 만드시는 음성입니다. 말로 표현할 수 없을 만큼 사랑이 넘치고 따뜻해서, 듣는 순간 나도 모르게 그 사랑에 가슴 벅차 저절로 눈물이 흘러넘치는 그런 음성입니다.

물론 주님이 음성을 들려주시는 것은 그분의 절대적인 주권 하에서 일어나는 것입니다만, 그 음성을 듣기 위해 어떤 분들은 산 기도를 수십 년, 새벽 기도를 수십 년, 성경 통독을 수십 번, 교회 봉사를 수십 년 합니다. 그렇게 하시는 것은 아마도 주님 음성이 들리는 것을 막는 내 속의 나를 없애기 위한 몸부림일 것입니다. 또 어떤 분들은 신앙생활을 시작한 지 얼마 되지도 않았고 경건의 훈련이 많지 않음에도 어느 날 갑자기 강권적으로 하나님의 음성을 듣기도 합니다. 그러나 이런 분들 또한 하나님의 음성을 계속적으로 올바르게 듣도록 내 속의 나를 없애기 위한 끊임없는 수업을 시키십니다.

이 세상의 어떤 소리와도 비교할 수 없을 만큼 좋은, 주님의 음성을 들을 수 있는 영적 귀를 막아버린 것은 우리의 죄입니다. 우리의 원죄原罪와 자범죄自犯罪가 그 음성을 듣지 못하고 반응하지 못하게 합니다. TV 소리를 들으려 할 때 벽이 막혀 있다면 그 소리를 아무리 듣고 싶어도 못 듣는 것처럼, 쉬지 않고 말씀하시는 주님의 사랑의 음성은 우리의 '죄'라고 하는 벽에 막혀 들리지 않습니다. 우리는 아담의 죄가 피 속에 이어져 오고 있습니다.

근본적으로 우리 안에는 우리를 창조하신 하나님을 떠나, 하나님을 믿는 것은 마치 패배자인 것 같이 느끼게 하면서 내가 내 스스로 주인의 자리에 올라 마음대로 사는 것이 자유라고 생각게 하는 세상 피가 흐르고 있습니다. 그리고 세상 학교에서는 그것들을 계속적으로 가르칩니다. 그걸 배워온 아이들은 내 맘대로 내 뜻대로 살다가 잘 되면 스스로 왕이 되고 안 되면 세상을 원망하는 반항아가 됩니다. 내가 원하는 대로 생각한 대로 마음먹은 대로 다 이루어지길 원하는 이 세상은, 반드시 주연과 조연, 혹은 소품 역할이 있을 수밖에 없는 대본에 수십 억 명이 주인공이 되어 움직이려고 해 엉망진창이 되어버린 연극과 같습니다. 그 연극을 위해 하나님이 쓰신 원래 대본에는 주연도 조연도, 심지어 소품조차도 가장 아름답고 귀하게 표현해주셨기에, 그곳에서는 각자가 자신의 역할에 충실하고 비교하지 않으며 서로를 존중해 가장 평화로운 연극을 만들 수 있었습니다.

이처럼 부족하고 연약한 우리는 죄가 없으신 창조주이심에도 연약한 인간의 몸을 입고 오셔서 우리를 위해 죽임을 당하신 예수님의 보혈이 아니었다면 그 모든 죄를 씻을 수 없었을 것입니다. 그런 예수님의 보혈의 공로에 힘입어 죄 사함을 받은 우리는 그 은혜에 감사하며 매일매일 성화를 통해 구원을 이루어가야 합니다. 그럼에도 우리의 마음은 너무도 연약해서 내 오감이 원하는 것들을 먼저 하고 싶어 하고 하나님이 원하시는 것을 무시하기 일쑤입니다.

그런 나이기에, 내 힘으로는 그런 나의 악한 마음을 이겨낼 수가 없기에 우리에게는 성령님이 필요합니다. 성령님을 사모하면서 그분을 보내주시는 주님의 절대적인 주권을 인정하며 간구해야 합니다. 성령님을 내 생각과 내 상식에 맞추는 것이 아닌 성령님께서 우리를 사로잡아 변화시켜주셔야 합니다. 오순절 마가의 다락방에 오셨던 그 성령님이 내 마음의 다락방에 불과 바람으로 오셔서 내 힘으로는 꿈꿀 수 없는 하나님의 나라를 꿈꿀 수 있게 해주셔야 합니다. 그 성령님이 내 마음에 불로 온전하게 오셔서 주님의 음성 듣는 것을 막는 내 안의 자아, 자존심, 자기 의義, 자기 애愛들을 태워주시면 주님의 음성이 들립니다. 바람처럼 휘몰아 오셔서 더러운 찌꺼기들을 다 날려주시면 주님의 음성이 들립니다.

그렇게 해서 처음 찾아오시는 주님의 음성은 내가 생각하던 그 어떤 것과도 다릅니다. 대부분은 내가 원하는 것과 내가 생각하던 것과 너무나 달라 당황스럽습니다. 그러나 그런 세미한 음성들, 비록 작은 명령처럼 보일지라도 하나님의 음성에 순종하는 수업을 받아야 광야 학교를 졸업할 수 있는 자격이 주어집니다.

광야 생활을 하던 이스라엘 백성들은 그 진 한가운데 있었던 성막 위에 구름 기둥 불기둥의 움직임을 보며 머무를 것인지 움직일 것인지를 판단했습니다. 아무리 척박한 곳이라도 구름 기둥 불기둥이 머물면 그 자리에 있어야 했고 아무리 좋은 곳일지라도 주님이 움직이시면 따라가야 했습니다. 그 이동과 머묾엔 어떤 이유도 변명도 댈 수 없었습니다. 그것에 순종하지 않는 자에게는 한낮 사막의 땡볕과 밤의 추위로 인한 죽음만이 기다리고 있었습니다. 지금의 우리에게도 마찬가지입니다. 주님이 우리와 우리 자녀들에게 하고 싶으시며 원하시는 그 말씀을 듣고도 순종하지 않는 것은 아버지와의 관계 단절이며 그것은 곧 영적인 죽음입니다.

우리를 사랑하셔서 우리의 아버지가 되어주시고 가장 친밀한 관계를 맺고 싶으신 하나님은 오늘도 우리에게 계속적으로 말씀하십니다. 성경 66권과 예배, 찬양, 기도, 묵상, 사역자들의 입술, 마음 가운데 주시는 감동과 음성, 심지어 세상의 미디어와 사람들의 입, 자연 만물을 통해서 말입니다. 그리고 그런 음성 하나하나에 순종하는 수업을 계속 받으면 받을수록 놀랍게도 그분이 원하시는 것에 내가 원하는 것을 맞춰가게 됩니다. 기도할 때마다 항상 "달라 달라, 주셔라 주셔라"하며 조르기만 하던 내가 "아버지 무엇을 원하십니까?"라고 아버지의 응답을 기다리는 사람으로 바뀌어갑니다. 기도할 때마다 그저 '나'와 '내 가족'의 안녕과 평안과 복과 장수와 부귀만을 바라던 내가 내 주변의 사람들과 심지어 나를 미워하고 핍박하는 사람들, 나라와 민족, 세계 열방을 위해, 하나님 나라의 확장을 위해 애통하며 눈물 흘리는 나로 바뀌어갑니다. 주님 안에서 예수 그리스도의 장성한 분량만큼 자라게 됩니다. 그렇게 내 영혼을 송두리째 바꾸어주시는 변화가 주님의 음성을 듣는 자에게 주님께서 주시는 가장 큰 복입니다.

이렇게 하나님의 음성을 듣는 수업을 통과하면서 이와 함께 꼭 받아야 하는 수업이 있습니다. 바로 공동체 속에서 내가 만들어져가는 수업입니다. 하나님의 음성을 '듣는다', 하나님께서 보여주시는 것을 '본다'하는 사람들이 걸리기 쉬운 덫이 바로 "하나님이 나를 다른 사람보다 더 많이 사랑하셔서 이런 능력을 주셨다"라고 속삭이는 '교만'에 넘어지는 것입니다. 다른 사람이 들을 수 없고 볼 수 없는 것을 듣고 본다고 하니 얼마나 많은 사람들이 그를 높일 것이며 그 또한 그것을 즐기겠습니까? 그런 사람들은 대체로 다른 지도자 밑에 들어가고 싶어 하지 않습니다. 심지어 하나님께 큰 능력을 받은 자신이 지도자가 되는 것이 하나님의 뜻이라고 여겨 능력이 부어지자마자 많은 사람들을 부리면서 조직을 만듭니다. 이것이 한국 교회의 큰 문제점 중 하나인 '이단'이 생겨나는 배경입니다.
  그러나 성경을 통해 보여주시는 하나님의 진정한 뜻은 그렇지 않습니다. 능력이 많은 은사자일수록 반드시 공동체 안에 들어가서 아래에서부터 남을 섬기고 때로는 핍박받으면서도 인내하는 훈련을 시키십니다. 나보다 능력이 적다고 생각하는 사람 밑에 들어가서, 내가 섬길 만한 자격이 전혀 안 되는 사람일지라도 그 밑에 들어가서 자신을 죽일 수 있는 훈련, 남을 섬기는 훈련을 철저하게 받은 사람만이 후에 높은 자리에서 리더로 쓰임 받을 때에도 교만의 두루마기를 걸치지 않게 되기 때문입니다.

광야 생활을 하던 이스라엘 백성들에게 모세와 아론은 그야말로 하나님의 말씀을 대신하는 대언자代言者였습니다. 그런 그들에게 고라와 다단과 아비람은 자신들 또한 하나님의 음성을 들을 수 있다고 하면서 그들의 지도권을 부인하고 대적했습니다. 그에 대해 하나님께서 보여주셨던 응답은 땅이 갈라져 그들을 삼켜버리신 것이었습니다.

그들은 무리를 지어 와서 모세와 아론에게 말했습니다. "당신들은 너무 지나치오. 모든 백성이 다 거룩하오. 거룩하지 않은 백성은 없소. 그리고 여호와께서 그들과도 함께 계시오. 그런데 당신들은 왜 스스로를 높여서 모든 백성 위에 있으려 하오?" 모세는 이 말을 듣고 땅에 엎드렸습니다.
(민수기 16장 3절~4절 『쉬운성경』)


마치 땅이 입을 벌려 그들을 삼키는 것 같았습니다. 그들의 가족과 고라를 따르던 사람들과 그들이 가진 모든 것을 땅이 삼켜버렸습니다. 그들은 산

채로 묻혀서, 그들이 가진 모든 것과 함께 죽은 자들이 있는 곳으로 내려갔습니다. 그러자 땅이 그들을 덮어버렸습니다. 그들은 죽어서 백성의 무리 중에서 사라졌습니다. (민수기 16장 32절~33절 『쉬운성경』)

여호수아는 거의 반평생 동안 모세의 시종으로 그를 옆에서 모셨습니다. 모세가 40일 동안 시내산에서 하나님을 만나고 있을 동안 아론과 이스라엘 백성들은 기다리다 지쳐 황금 송아지를 만들어 우상 숭배를 했지만, 그는 혼자 시내산 중턱에서 모세를 기다리는 고독을 이겨냈습니다. 그 결과 모세의 후계자로 기름 부음을 받고 가나안을 정복하는 정복전쟁에서 지도자가 되었습니다. 모세와 함께하셨던 하나님께서 여호수아와 함께하신다는 약속을 받은 것은 물론입니다. 요셉은 16살의 나이에 낯설고 물 설은 이집트에 노예로 끌려가면서부터 감옥의 수감자 생활에서 총리가 되기까지 13년을 기다려야 했습니다. 그러나 그 많은 절망의 순간에서도 하나님의 선하심과 인도하심을 믿으며 주인인 보디발과 감옥의 간수를 철저하게 섬겼고 결국 이집트의 총리로서 모든 국사를 담당하는 자가 되었습니다. 이들이 마지막에 지도자의 위치에 설 수 있었던 것은 공동체의 가장 낮은 곳에서 철저하게 섬기며 기다리는 훈련을 받았기 때문입니다.

하나님의 마음에 합한 자라는 영광스러운 칭호를 받은 다윗 또한 마찬가지입니다. 평범한 그였다면 아마 골리앗을 죽인 후 그에게는 인생의 꽃길이 열렸을 것입니다. 하지만 하나님께서는 그의 왕위가 영원하도록 약속하고 싶으셨고 그의 혈통을 통해 예수님을 보내실 작정이셨습니다. 그랬기에 다른 어떤 지도자에게도 허락하지 않았던 죽음과 같은 밑바닥 인생을 허락하셨습니다. 이스라엘 전체를 다스리는 왕위에 오를 때까지 다윗은 근 19년에 걸친 시간 동안 사울로부터 수차례 목숨의 위협을 받으면서 하층민을 모아 세워내는 철저한 훈련을 받았습니다. 그리고 이런 모든 고난과 섬김 가운데에서 하나님께 온전히 의지하는 훈련이 끝나 때가 찼을 때 하나님께서는 그들을 높이 들어 쓰셨습니다.

하나님은 질서의 하나님이십니다. 온 우주 만물을 한 치의 오차도 없이 운행하시는 철저하신 질서의 하나님이십니다. 각자 모든 개인의 인격의 하나님이시기도 하지만 또 한편으로는 공동체를 주관하시는 하나님이기도 하십니다. 공동체 속에서 우리는 다른 사람을 섬기며 다른 사람을 통해서도 역사하시고 가르쳐주시는 하나님의 뜻을 배워야 합니다. 그 과정에서 해야 할 것과 하지 말아야 할 것을 배워야 합니다.

『논어論語』「술이편述而篇」에 이런 말씀이 있습니다. "삼인행 필유아사언三人行 必有我師焉", 즉 "세 사람이 같이 길을 가면 반드시 내 스승이 있다"라는 뜻인데요. 세 사람이 어떤 일을 하면 좋은 것은 본받고 나쁜 것은 경계하게 되므로 반드시 스승이 될 만한 이가 있다는 뜻입니다. 공동체 속에서 어떤 자를 통해서는 하나님 안에서 꼭 해야 할 것을 가르쳐주시기도 하고 어떤 자를 통해서는 하지 말아야 할 것을 말씀해주시기도 합니다. 그것이 다윗을 통해 솔로몬에게 말씀하신 '사람의 매'와 '인생의 채찍'으로 그 사람을 이끄시는 하나님의 방법입니다. 주님의 음성을 듣고 순종하면서 믿음이 자라는 사람들이 그렇게 공동체의 훈련을 통해 깎이고 다듬어집니다. 그를 통해 하늘에서와 같이 이 땅에서도 뜻을 이루시기를 원하시는 주님의 일을 위한 쓰임 받기 편하고 좋은 그릇으로 빚어집니다.

사람들이 나이 들수록 아름답고 편안해지고 귀해 보이는 모습이 되는 것은 굉장히 중요한 일입니다. 어려 보이는 것이 해답인 것 같아 성형으로 해결해보려 몸부림을 치는 사람이 많을 만큼 그것은 어려운 일이기도 합니다. 그러나 광야 학교의 수업을 잘 받은 졸업생들은 나이가 들수록 천국에 가까워지기 때문에 그 모습 또한 점점 아름답고 사랑스러워집니다. 그 안에 주님을 모시고 있는 사람들은 매일이 천국으로 한 걸음씩 향하는 길이니 그 얼굴이 온유해질 수밖에 없습니다. 천국으로 가는 시간 중에 계시는 어르신 주변에는 항상 아이들과 사람들로 넘쳐납니다. 그분이 안 계시면 허전하고 평안함이 없어 모두들 그분의 지혜와 따뜻함으로 위로를 받고 싶어 하기에 그분은 항상 바쁘십니다.

제가 정말 존경하고 사랑하는 스승님께서 항상 하시는 말씀이 있습니다. "사람은 나이가 들수록 입은 닫고 지갑은 열어야 하는 거야. 그런데 사람들은 반대로 하거든. 나이 먹은 사람들에게 돈이 들어가면 돈도 늙으니 자꾸 나와서 일 하게 해야 해." 그냥 가질 수 있는 모습이 아닙니다. 철저한 광야 학교 수업을 통해 주님께서 빚어놓으셔야 나올 수 있는 말씀입니다.

어린아이와 어르신들은 둘 다 고집이 센데 어린아이는 너무 몰라서, 어르신들은 너무 많이 안다고 생각하기 때문인 듯합니다. 주님 보시기에는 다 어린아이임에도, 우리는 나이가 들수록 더욱 완고해지고 고집이 세지기 마련입니다. 믿지 않는 사람들은 나이가 들수록 지옥에 갈 날이 하루하루 가까워지고 있으니 더욱 완악해져 그 얼굴이 무서워질 수밖에 없습니다.

나이가 들면서 외롭게 사는 방법은 생각보다 굉장히 쉽고 편합니다. 주님 대신 내가 가지고 있던 재산과 명성, 과거의 영광과 자녀를 믿으면서 다른 사람을 내려다보는 태도가 내 삶에 그대로 배어나오면 됩니다. '꼰대의 6하 원칙'이라는 온라인상에 떠도는 말을 입에 달고 살면 됩니다. 이런 거죠.

who_ "내가 누군지 알아?"

where_ "어디서 감히"

when_ "왕년에 내가 말이야"

what_ "뭘 안다고 "

why_ "내가 그걸 왜"

how_ "어떻게 나한테"

그리고 드라마 속에서 며느리와 경쟁하는 어머니들의 단골 멘트인 "내가 그 앨 어떻게 키웠는지 알고 그런 소리를 해?"같은 말들을 계속 내뱉으면 정말 외롭게 살 수 있습니다. 대중교통이나 공공시설과 가정에서 나이가 들어가는 것을 곧 권력이라고 생각하고 무조건 대우 받아야 한다는 마음이 자세에서 그대로 나오면 주변에 아무도 없이 혼자만의 시간과 공간을 무제한 만끽할 수 있습니다. 그야말로 등장하는 순간 모여 있던 좌중이 홍해가 갈라지듯 갈라지고, 어느 틈엔가 다 숨게 만들어버리는 어마어마한 능력을 발휘할 수 있습니다.

그러나 그런 어른들은 겉사람에게만 그렇게 시간이 흘렀을 뿐 그 모습은 모두 속사람이 지난 시간 사랑을 갈구하다 입은 상처를 치유 받지 못한 결과임을 주님의 사랑을 제대로 받고 있는 우리는 다 압니다. "널 정말 사랑한다"라는 주님 음성을 들어보지도 못하고, 겸손해지는 주님의 훈련을 제대로 받지 못하고, 심지어 광야 학교를 들어보지도 못한, 상처 입은 어린아이들이 그 안에 있음을 알고 있습니다. 그렇기에 기도하고 믿는 저희는 그런 모습을 가지고 계신 이 땅을 떠나실 어르신들을 위해 더더욱 기도하고 복음을 넣어드려야 합니다. 그것을 보면서 아이들 또한 믿지 않으시는 할아버지 할머니를 위해 기도하며 그분들을 놓고 울 수 있는 복음의 아이들로 자라날 것입니다. 우리 또한 우리의 조부모님처럼 부모님처럼 겉사람에게는 시간이 지나갈 것입니다. 하지만 우리가 광야 학교를 어떻게 통과하며 성장하느냐에 따라 속사람은 매일매일 더 새로워지고 젊어져 천국으로 가는 길 위에 서게 될 것입니다.

그러므로 우리가 낙심하지 아니하노니 우리의 겉사람은 낡아지나

우리의 속사람은 날로 새로워지도다. (고린도후서 4장 16절)


우리 자녀들 중에는 특별히 주님께서 주신 달란트가 많은 아이들이 있습니다. 어떤 학생들은 심지어 가르치는 교사들보다 더 뛰어난 능력을 가지고 있기도 합니다. 그러나 그런 친구들일수록 모든 권위는 하나님께서 주신 것임을 마음속에 새기면서 질서에 참여하고 섬기는 훈련부터 받게 하는 것이 중요합니다. 내가 섬기는 수업을 잘 받아서 통과해야 남으로부터도 섬김을 받을 수 있습니다.

그러기 위해서는 우리 부모들이 먼저 공동체 속에서 잘 죽어지는 수업을 받아야 할 것입니다. 그 어떤 면에서도 나보다 못하고 내가 존경할 수 없는 자라 할지라도 하나님이 허락하신 권위라면, 그 앞에서 겸손과 사랑으로 그를 섬겨야 합니다. 그럴 때 그것을 보고 자라는 우리의 자녀들 속에도 그러한 심성이 뿌리박힐 것입니다. 그리고 그러한 자녀로의 성장이야말로 부모에게는 가장 큰 축복이 될 것입니다. 그렇게 남 섬기는 본을 보며 자란 아이들이 성장해서 세상의 빛과 소금의 역할을 감당할 때 얼마나 주님께서 그를 높이 들어 써주시겠습니까?

그런 자녀들은 주님의 음성을 들으며 그분의 말씀을 따라 움직여 그 모든 일에 대해 주님께서 책임을 저주실 터이니 그 멍에가 무겁지 않을 것이요, 그런 흔들리지 않는 믿음의 확신을 가지고서도 남을 섬기는 겸손함으로 다른 이들과의 관계를 주장하니 사람들 속에

서도 그리스도의 향기를 풍길 수 있을 것입니다. 그런 자녀로의 성
장을 꿈꾸는 것, 그것이 주님의 뜻과 섭리를 믿으며 성장하여 광야
학교를 멋지게 졸업하는 자만이 가질 수 있는 비전입니다.

하나님은 무질서의 하나님이 아니시요 오직 화평의 하나님이시니라.

(고린도전서 14장 33절)

# 순종

네 자손을 하늘의 별과 같이 번성하게 하며 이 모든 땅을 네 자손에게 주리니
네 자손으로 말미암아 천하 만민이 복을 받으리라 이는 아브라함이
내 말을 순종하고 내 명령과 내 계명과 내 율례와 내 법도를 지켰음이라 하시니라
(창세기 26장 4~5절)

나아만이 이에 내려가서 하나님의 사람의 말대로 요단강에 일곱 번 몸을 담그니
그의 살이 어린아이의 살 같이 회복되어 깨끗하게 되었더라.

(열왕기하 5장 14절)


친절하지만 가난한 구두장이 세몬은 추운 겨울날 교회 앞에서 벌거벗은 미하일을 만나 집으로 데려옵니다. 톨스토이 Lev Nikolaevich Tolstoy, 1828~1910의 『사람은 무엇으로 사는가』의 시작 장면입니다. 저는 톨스토이의 작품 중에서 『전쟁과 평화』나 『안나 카레니나』, 『부활』과 같은 대작도 감탄하며 읽었지만 그보다 『사람은 무엇으로 사는가』라는 이 단편이 더 좋습니다. 세몬의 아내가 "하나님께 벌을 받았다"고 하는 미하일을 동정하는 표정을 짓자 미하일의 얼굴에 미소가 스칩니다. 세몬과 그의 아내는 미하일을 구두 만드는 조수로 받아들이지요. 어느 날 신사가 가게를 방문했는데, 그는 오만한 말투로 장화를 만들어달라면서 잘못 만들면 세몬을 잡아가겠다고 협박까지 합니다. 그런 그의 어깨 너머를 보며 미하일은 잠깐 미소를 짓고 가죽 장화 대신 슬리퍼를 만들었습니다. 세몬이 당황하고 있을 때 신사가 죽어 슬리퍼가 필요하다는 소식이 옵니다. 그 후 자신의 아이가 아닌 두 아이를 키우는 부인이 가게를 찾아옵니다. 아이들 중 한 명은 한 발에 장애를 가졌는데 그 부인과 두 아이에 얽힌 이야기를 미하일이 듣고 이곳에 온 후 세 번째로 미소를 지었습니다. 이후 미하일은 세몬에게 하나님께서 자신을 용서하셨다고 하며 작별을 고합니다. 천사가 된 그는 세 번 웃은 이유와 벌을 받은 이유를 세몬에게 설명해주고 하늘로 돌아갑니다.

미하일은 6년 전 하나님께서 한 여자의 영혼을 데려 오라고 명령하셨을 때 불순종했고 그래서 하나님 뜻이 이루어지는 것을 막을 뻔했습니다. 아이들이 죽게 될 거라며 아이 엄마인 여자가 애원하니 마음이 약해졌기 때문입니다. 자신이 생각했을 때 갓 태어난 아가들의 엄마를 데려가는 것—땅의 입장에서 보면 죽는 거죠—은 부당한 명령이었습니다. 왜냐하면 천사인 그조차도 앞으로 일어날 일을 알 수 없었기에 그 엄마와 아이들을 향한 하나님의 더 깊은 뜻이 예비되어 있다는 것을 몰랐던 것입니다. 물론 앞으로 자신이 사람 몸으로 땅에 떨어져 벌거벗은 채로 떨고 있을 때 지나던 사람의 사랑으로 몸을 의탁할 수 있게 될 것도, 한 치 앞도 못 보면서 미래를 위해 오늘을 강퍅하게 살아가는 신사의 모습을 보게 될 것도, 그 이후 그 쌍둥이 아가들을 위해 하나님께서 준비하신 깊은 뜻이 있다는 사실을 알게 될 것도 당연히 몰랐고 말입니다. 천사마저 그러할진대 우리 인간이야 오죽하겠습니까.

제가 벌을 받은 것은 하나님의 말씀을 거역했기 때문입니다. 저는 하늘나라 천사였지만 하나님 말씀에 순종하지 않았습니다.

천사였지만 하나님의 말씀에 순종하기 않았기 때문에 벌을 받고 이 땅에 내려와 "사람은 무엇으로 사는가?"에 대한 답을 찾아낸 미하엘. 그의 이야기는 자녀를 양육하는 우리로 하여금 우리가 따르기 위해 판단하는 기준인 선악이 무엇인지 생각하게 합니다. 우리는 아담과 하와가 선악과를 따먹은 이래 눈이 밝아져 선과 악을 분별할 수 있다고 생각해왔습니다. 지구상에 있는 모든 피조물들을 지배하면서 그들을 지배하고 다스리는 것은 인간의 이성과 과학, 지혜 덕분이며 그러기에 인간은 다른 생명체보다 우월하고 세계는 점점 발전하고 있다고 말이에요. 그 과정에서 인류가 생각하는 선과 악이 발전의 기준이 되었습니다.

하지만 안타깝게도 인간이 지배할 수 있는 이유는 하나님께서 인간에게 그것을 허락하셨기 때문입니다. 그래서 하나님이 허락하지 않으신 곳에 대한 지혜와 지식은 아직도 감추어져 있고 앞으로도 주님이 허락하시는 한에서만 열릴 것입니다. 그럼에도 인간들은 우리가 생각하는 선과 악의 분별이 옳다고 생각합니다. 길게 살아야 백여 년만 살 수 있는 인간이, 그리고 공간적으로도 지구의 그나마 육지에서만 살 수 있는 인간이 처음과 끝이시며 온 천하 우주 만물을 창조하시고 운행하시는 주님의 지혜보다 자신의 지혜가 더 무궁하다고 여깁니다. 이제는 인간이 만들어낸 인공지능 등을 통해 그 모든 것을 통제할 수 있다고 생각하면서 인간이 생각한 선과 악을 구현해내려고 합니다. 심지어 신도 인간이 창조했다고 하면서 말입니다.

하나님이 만드신 피조물인 인간이 그 죄의 시작이 그러했던 것처럼 스스로 하나님의 자리에 올라앉아 있습니다. 그래서일까요? 인간이 가장 하기 힘든 일이 하나님 방식으로 내리시는 명령에 대한 순종인 것 같습니다. 제가 언젠가 보았던 SNS 글의 내용은 정말 섬뜩하리만치 안타까워 잊히지 않습니다. "불친절한 명령에 따라 천국에 가느니 친절한 설득을 듣고 지옥에 가는 것이 더 좋다"라는 짧지만 무서운 문구였습니다. 친절한 설득. 인간의 자존심을 그대로 가져갈 수만 있다면 지옥도 괜찮다는 진짜 무서운 자아.

사실 우리 인간은 하나님께서 허락하지 않으시면 이 땅에서 한순간도 살 수 없는, 주님 앞에서만큼은 절대적으로 나약한 존재라는 것이 진리인데도 말입니다. 하나님께서 굳이 태풍을 불게 하시거나 하늘을 막아 비를 내리지 않으셔도, 그저 내 몸에서 암 세포 몇 개만 자라나게 하시거나 내가 매일 운전하는 도로에서 만취한 운전자의 차량이 달려들게 허락하시면 그 즉시로 생사生死를 넘나드는 존재가 인간입니다. 그 모든 '우연'이라 부르는 것을 통제할 수 없는 우리는 우연을 허락하심과 간섭하심으로 주관하시는 그분께 고개를 숙일 수밖에 없는데도, 그 마저도 '머피의 법칙'이니 '팔자소관'이니 하면서 통제하는 듯 착각하고, 하나님께 철없이 구는 존재입니다. 그런 철없는 인간이다 보니 우리 머리로 이해가 안 되는 하나님의 말씀에 대한 순종이 힘들 수밖에요.

그래서 하나님께서는 순종을 정말 사랑스럽게 보십니다. 그것이 순종에 승리함으로 주님의 언약 백성이 될 수 있었던 믿음의 사람들에 대한 이야기로 성경을 가득 채우신 이유입니다. 사실 순종의 끝판 왕(!)은 왕으로 오셨음에도 아버지의 명령에 순종하여 십자가에 달려 돌아가신 예수님이십니다. 그런 예수님의 모습이 성경 66권 안의 많은 인물들의 삶 속에 예표로 등장하고 있습니다.

믿음의 사람 중에서 '순종의 대명사'하면 떠오르는 사람은 구약 시대의 아브라함입니다. 그는 당시 문명이 가장 발달했던 메소포타미아의 한가운데 갈대아 우르에서 우상을 섬기고 만들어 팔았던 가정 출신입니다. 어느날 아브라함을 선택하여 찾아오신 여호와 하나님께서는 "너는 너의 고향과 친척과 아버지의 집을 떠나 내가 네게 보여줄 땅으로 가라(창세기 12장 1절)"고 하십니다. 자신을 부르신 그분의 '말씀'을 따라 아브라함은 자신의 피난처이자 안식처였던 고향과 친척들을 떠나 이주 길에 오릅니다. 당시 첨단 문명의 한가운데 있었던 그를 움직인 것은 다른 게 아니었습니다. 인터넷 광고도, 학군도, 집값 상승의 가능성도, 교통의 요지도 아닌 보이지도 않는 하나님의 '말씀'이었습니다. 오직 그 말씀만을 따라 그는 갈대아 우르에 비하면 척박하기 이를 데 없는 가나안까지의 여정을 시작했던 것입니다. 그 여정 중에 아버지가 돌아가셨고, 그나마 같이 길을 떠났던 조카 롯까지 하나님께서는 헤어지게 하셨습니다. 아내와 함께 철저하게 혼자가 된 그에게 심지어 자식조차 없는 그에게, 하나님께서 다시 찾아오셔서 큰 약속을 해주십니다.

보이는 땅을 내가 너와 네 자손에게 주리니 영원히 이르리라. 내가 네 자손이 땅의 티끌 같게 하리니 사람이 땅의 티끌을 능히 셀 수 있을진대 네 자손도 세리라. (창세기 13장 15절~16절)

그런 약속을 받은 이후에 본인들이 생각한 시간 이상을 기다려도 자식을 주시지 않자 아브라함은 아내의 요구로 여종이었던 하갈에게서 아들을 낳게 됩니다. 하나님의 방법이 아닌 인간의 방법으로 얻은 그 아들이 이스마엘입니다. 하나님께서는 이스마엘이 성장하고 난 아브라함의 나이 99세 때 다시 아브라함에게 나타나셔서 내년 이맘때쯤에 사라에게 아들이 있을 것이라고 말씀하십니다. 말도 안 되는 일이라 사라는 웃었지만, 결국 하나님께서는 이삭을 주셨습니다. 백세에 얻은 그래서 그 이름처럼 두 부부에게 웃음을 준 아들. 주실 것이라 말씀하셨을 때 그 엄마로부터 비웃음이 나오게 했던 아들. 아브라함 부부에게 이삭은 어떤 아들이었을 것 같으십니까?

지금 중국에는 형제가 적어 원하는 것을 다 하며 사는 소황제 아이들이 많다고 합니다. 그들을 일명 '421 폭탄'이라고 부른다고 합니다. 4는 조부모와 외조부모, 2는 외동인 부모, 1은 소황제를 가리키는데 6명이 1명 하나에 매달리고 있다 해서 붙여진 명칭이라고 합니다. 그들의 극단적인 개인주의와 이기주의 때문에 그들이 성장하고 나서의 미래 중국을 현재 중국은 불안하게 바라봅니다. 하지만 아브라함에게 있어 이삭에 대한 끔찍한 애정은 그런 소황제에 비하여도 아마 더하면 더했지 못하진 않았을 것입니다. 백 년을 기다렸다 받은 자식이기도 하지만 그가 곧 하나님으로부터의 약속의 아들이자 언약의 증표였기 때문입니다.

그런데 행복한 아브라함 가족에게 다시 나타나신 하나님께서 아브라함에게 청천벽력 같은 명령을 내리십니다. 그토록 소중한 언약의 아들인 이삭을 하나님께 제물로 바치라고 말입니다. 아무리 생각해봐도 기가 막히고 말도 안 되는 명령입니다. 그렇지만 그보다 더 놀라운 것은 그 명령을 듣고 사라에게 이야기하지 않고—이 부분은 성경에 나오진 않지만, 만약 사라가 이 명령을 들었다면 아브라함이 순종하기에 힘들었을 것이기에 그랬을 거라고 감히 추측해봅니다. 주님 명령에 순종할 때 은밀함이 얼마나 중요한지 알려주는 모습이기도 한 것 같습니다— 하나님께서 명령하시는 곳으로 가서 이삭을 번제물로 바치기로 하는 아브라함의 믿음과 순종의 행동입니다. 모리아산까지 3일 길을 가면서 아브라함의 그 고뇌와 번민이 어떠했을지는 감히 상상도 할 수 없지만, 결국 승리한 아브라함의 마음을 히브리서 말씀에서는 이렇게 표현하고 있습니다.

그가 하나님이 능히 이삭을 죽은 자 가운데서 다시 살리실 줄로 생각한지라 비유컨대 그를 죽은 자 가운데서 도로 받은 것이니라. (히브리서 11장 19절)

아브라함은 하나님께서 죽은 사람도 살려주신다는 것을 믿었습니다. 아브라함은 이삭을 죽은 사람들 가운데서 다시 받은 것입니다. (『쉬운성경』)

하나님의 명령을 이해할 수는 없지만 이해할 수 없기 때문에 먼저 순종해보는 것. 아브라함은 비록 그 뜻을 온전히 이해할 수는 없지만, 평생 살면서 아브라함을 버리신 적이 없는 하나님은 아버지로서 아들을 죽이라고, 인신공양을 하라고 하실 그런 하나님이 아니실 거라고 생각하지 않았을까요? 그는 분명 무언가 아버지의 뜻이 있으실 것이라 생각하면서 우선 순종하는 것을 택했습니다. 그 뜻을 확실히 알지는 못하지만 그분이 명령하고 약속하셔서 시작하셨으면 그분이 책임지신다는 것은 확실하니 그분의 신실하신 성품을 믿는 것. 그분은 알파와 오메가이므로 완전하시고, 우리의 과거와 현재, 미래, 심지어 우리 주변에 있는 모든 환경과 사람들의 그것까지도 다 아시는 그분의 능력을 믿는 것. 그렇기에 우리에게 가장 선한 것이 무엇인가를 우리보다 잘 알고 계시며 그걸 다 주고 싶어 하실 만큼 누구보다 우리를 사랑하신다는 것. 그것을 믿고 그분의 뜻이 이루어지는 과정에서 내게 원하시는 부분을 순종하면 된다는 것. "여호와 이레의 주님께서 친히 준비하시리라"는 아브라함의 말처럼 그분이 필요한 것을 아시고 그분이 원하시는 것을 친히 준비하실 것이니 우리는 믿고 순종하고 따라가면 된다는 것.

그렇게 믿었을 아브라함은 번제물로 이삭을 묶습니다. 여기에는 아브라함 뿐 아니라 하나님께서 기뻐하시는 이삭의 순종 또한 합력하여 선을 이룹니다. 당시 아브라함은 120세 정도, 당연히 이삭은 20세 정도였을 것으로 생각하는데, 만약 이삭이 죽고 싶지 않았다면 아브라함을 충분히 밀치고 도망갈 수 있었을 한창의 나이라는 겁니다. 그럼에도 이삭은 아버지의 칼을 받기 위해 번제물이 되었는데 그것은 정말 엄청난 순종입니다. 죽이려는 아버지의 믿음과 순종도 크지만, 자신이 번제물이 되어 죽겠다는 아들의 그것 또한 대단하지 않습니까? 그래서 아들을 죽이려고 칼을 내리꽂으려는 순간 하나님께서 그것보다 더 빠르게 멈추게 하셨고 이삭 대신 번제물로 숫양을 준비해주셨습니다. 그야말로 '주시는 하나님'이 등장하신 놀라운 은혜의 장면입니다.

이러한 믿음과 순종의 저울을 잘 통과한 아브라함은 하나님으로부터 '벗'이라는 지위를 얻게 되고 믿음의 조상이 되었습니다. 결국 아브라함은 육으로는 이삭의 후손인 유대인과 이스마엘의 후손인 아랍인들의 조상이 되었고, 영적으로는 하나님을 믿는 수많은 자들의 조상이 된 것입니다. 유대교와 기독교, 그리고 이슬람교에서 모두 공통으로 존경하는 믿음의 조상이 바로 아브라함이니 말입니다. 그와 같은 아브라함의 순종의 결과는 '지금' '여기'만 살아가는 인간들이 상상조차 할 수 없는 거대한 복이 되었습니다. 물론 이삭도 복을 받은 것은 당연합니다. 이삭은 하나님께서 직접 번제물을 준비해놓으신 '여호와 이레'의 기적을 보면서 아버지의 말에 책임지시는 하나님을 체험한 뒤 평생 동안 아버지를 더욱 신뢰했을 겁니다. 그러했기에 더 나아가 아버지의 하나님이신 여호와를 평생 동안 섬기면서 살게 됩니다. 그 모든 과정은 이삭에게 엄청난 신앙 교육이 되었고 그를 통해 '아브라함의 하나님'은 '이삭의 하나님'을 거쳐 '야곱의 하나님'이 되십니다. 이스라엘 12지파의 조상이 되는 야곱을 리브가를 통해 얻어 영적인 거부가 된 이삭은, 아버지로부터 물려받은 유산에 더하여 물질적으로도 많은 복을 받았습니다.

이런 아브라함과 이삭뿐만이 아니라 오로지 하나님의 명령에 따라 120년 동안 방주를 지은 또 다른 순종의 인물인 노아도, 강퍅한 바로와 원망하는 이스라엘 백성들 사이에서 하나님의 명령만을 따라 담대히 출애굽 요구를 선포하고, 광야 40년 동안 이백여 만 명을 이끌었던 지도자 모세도, 그리고 무엇보다 아무 흠도 죄도 없으심에도 우리를 대속하시기 위해 십자가 위에서 물과 피를 다 쏟으시며 죽기까지 순종하신 예수님도, 모두 하나님의 말씀에 순종함으로써 위대하신 하나님의 뜻을 이루어가는 데 증인이 되셔서 오늘날 우리에게 순종의 모범을 보이고 계십니다.


우리는 "나를 움직이고 싶다면 설득해봐"라고 말합니다. 그래서 세상은 다양한 방식으로 광고와 유명 인사, 또는 SNS 등을 통해 1년 365일 24시간 끊임없이 우리 마음과 몸을 움직이도록 설득합니다. 때로는 설득하지 않아도 우리 스스로를 움직이게 하는 것들도 있습니다. 아마 '돈'이 그 대표일 것입니다. 돈이 된다면 굳이 우리에게 희생하라고 하지 않아도 그렇게 하고 있는 우리를 발견할 때가 많습니다. 혹 때로는 '사랑'이 우릴 움직이게도 합니다. 누가 그렇게 하라고 시킨 것도 아닌데 그 사람의 웃는 얼굴, 고마워하는 모습, 기뻐하는 모습 하나 보겠다고 우리가 가진 것을 포기하거나 희생하기도 합니다. 우리가 무엇인가에 의해 움직이는 것은 우리가 그것에 의해 다스려질 수 있다는 것이고, 자존심 강한 '인간'으로서는 듣기 싫은 표현일 수도 있지만 결국 우리는 그것의 '종'이라는 겁니다. 내가 종이 되기 위해서 필요한 것은 없습니다. 설득당할 필요도, 그럴 듯하게 유혹당할 필요도 없습니다. 내가 스스로 주인을 원해서 선택했으니 말입니다.

그런데 놀랍게도 이 모든 것, 돈이며 명예며 사람이며 모든 것을 창조해주신 하나님이 움직이라고 하면 자신을 설득하고 이해시키라고 합니다. 이해가 되면 움직이겠다고, "널 사랑해서"라는 것은 이유가 안 되니 더 구체적으로 내게 유익한 것을 말해달라고, 이해가 안 되니 못하겠다고 합니다. 그런 저희의 아집과 고집을 아시기에 저희가 선택할 때까지 또 기다려주시는 그분의 사랑을 인간인 우리는 감히 이해할 수조차 없는데도 말입니다. 생각하면 이상한 일이지 않습니까? 하지만 하나님이 명령하신 이유를 이해한 후에 움직이는 것은 안타깝게도 순종이 아닌 '거래'와 같습니다. 진정한 순종은 이해할 수 없어도, 아니 이해하지 못하는 것이기에 주님의 신실하심을 믿고 움직이는 것입니다. 그러면 그 움직이는 과정에서 또는 움직임

끝에 하나님의 위대하신 뜻을 확실히 알 수 있고 그러면서 내 믿음이 엄청나게 커지는 것, 그리고 그것을 하나님이 기뻐하시면서 내게 필요한 그 이상의 것, 내가 상상조차 할 수 없을 만큼의 좋은 것을 주시는 그 모든 과정. 하나님이 하시는 이러한 설득의 모든 과정과 방법이야말로, 명령하실 그 당시에는 그 뜻을 알지 못하나 순종하고 나면 완전히 이백 퍼센트 이해되어버리는 그야말로 '완벽한 설득'인 것입니다.

그렇게 6년이 흘렀고 오늘 어느 부인이 쌍둥이 여자아이들을 데리고 이곳에 왔습니다. 전 그 아이들을 한눈에 알아보았고, 아이들이 지금까지 어떻게 살았는지도 알게 되었습니다. 부인의 이야기를 듣고 생각했습니다. '그 어머니가 아이들을 위해 살려달라고 애원했을 때, 난 부모 없이 아이들은 살아갈 수 없다고 생각하고 그 말을 들어주었지. 하지만 피 한 방울 안 섞인 남이 자기 젖을 물려 아이들을 이렇게 키웠구나.' 부인이 자신이 낳지도 않은 아이들을 가엾이 여기며 눈물을 흘렸을 때, 저는 그 부인에게서 살아계신 하나님을 보았고 사람은 무엇으로 사는지 깨달았습니다.

결국 '사람은 무엇으로 사는가'라는 물음의 답을 톨스토이는 '사랑'이라고 보여주었습니다. 그리고 미하엘은 그것을 깨닫고 실천하는 데 있어 가장 중요한 것이 '순종'인 것을 알았습니다.

사람이 살아가는 모든 과정에서 하나님의 뜻의 무엇인지

깨닫고 살아간다면 그 은혜와 진리 안에 거함으로 기쁨과 소망 가운데 살아갈 수 있습니다. 그런데 그 뜻을 깨닫고 살아가기 위해서는 내 스스로가 나의 주인이 아닌 나를 만드시고 이끄시는 그분의 주권을 인정하고 순종하는 게 필요합니다.

물론 그렇게 살아가기에는 어쩌면 너무나 녹녹치 않은 게 세상입니다. 세상에서는 맘먹은 대로, 생각한 대로 이루어지고 그렇게 할 수 있다고 자기만의 생각대로 하라고 하니 말입니다. 하지만 "다수의 의견이 옳은 길을 보장할 것이며 인간의 한계를 극복하게 해줄 것이다"라고 하는 보편적인 이성에 대한 확신도 제2차 세계대전 독일인들이 보였던 나치에 대한 추종을 볼 때 실패할 수밖에 없다는 것을 역사는 보여줍니다. 그럼에도 왜 사람들은 내 가치관이 옳다고 생각해서 내게 가장 좋은 것을 주시려는 주님의 주권을 인정하지 못할까요? 결국 내가 가장 높아지고 인정받고 싶은 인간의 교만이 내 안에서 움직이기 때문입니다. 마치 몇 분 후에 자신이 죽을 것을 알지 못한 채로 10년 신어도 끄떡없는 장화를 만들어놓으라고 윽박질렀던 신사처럼 말입니다.

"만들 수 있단 말이지? 그렇다면, 자네가 누구의 장화를 만드는지, 어떤 가죽으로 만드는지 꼭 명심하게. 1년을 신어도 뜯어지지 않고 모양도 절대 변하지 않는 장화를 만들어야 하네. 그런 장화를 만들 수 있다면 이 가죽을 재단하고, 그럴 자신이 없다면 처음부터 손도 대지 말게. 미리 말해두는데, 1년 안에 장화가 뜯어지거나 모양이 변하면 자네를 감옥에 넣어버릴 걸세.

대신 1년이 지나도 모양이 변하지 않고 뜯어지지도 않으면 10루블을 더 주겠네.”

제가 아들과 집에서 공부를 시작한 것은 지금 중학교 3학년 나이의 아들이 3학년 2학기 초등학교를 그만두고 유예하면서부터입니다. 무조건 놀고 싶다고 한 아들의 원대로 첫 1년 반 이상 본인이 하고 싶은 것만 하게 했습니다. 물론 그때의 제게 불안함이 없던 것은 아닙니다. 대학 입시 전투가 얼마나 치열한지 뼈저리게 알고 있는 고3 담임 출신인 제게 불안함이 없었다면 그건 거짓말이지요. ‘다른 아이들은 막 달리고 있는 이때, 이 친구 이렇게 아무것도 하지 않아서 따라잡을 수 있을까. 지금 제도로는 아이들이 졸업하고 난 그다음 해에야 검정고시를 볼 수 있는데, 그럼 한 학년 다른 아이보다 늦게 가는데 괜찮을까. 이러다 사회에서 완전 낙오자가 되는 것은 아닐까?’ 기타 등등의 많은 생각과 고민으로 힘들어서 울기도 많이 울었습니다. 하지만 주님은 그럴 때마다 기도를 시키셨고 말씀으로 위로해주심으로 제 믿음 또한 자라게 하셨습니다. 말씀과 기도로 하루하루 걸어가면서 전 아이를 데리고 교회로 공원으로 도서관으로 박물관으로 다니며, 보고 싶어 하는 TV 마음껏, 하고 싶어 하는 게임 마음껏 하도록 그냥 내버려두었습니다.

그랬더니 이 친구, 다른 아이들 4학년 2학기가 되면서 피아노를 다시 배우고 싶다고 했습니다. 7살 때 그렇게 피아노를 치라고 해도 힘들다면서 포기했던 아이가 본인 스스로 피아노를 하겠다고 하더니 그다음부터는 배우고 싶은 것을 하나씩 요구하기 시작했습니다. 정말 감사할 수밖에 없었습니다. 다 포기한 것 같은 모습을 보고만 있어야 했던, 끝날 것 같지 않던 그 기다림의 시간을 지내고 나니, 그것이 그에게는 참으로 필요한 시간이었다는 것을 알게 해주신 겁니다.

하지만 더욱 감사한 것은 그 와중에 매일매일 시간을 정해놓고 드리게 된 예배와 영적 훈련을 통해 이 친구가 하나님의 음성을 들을 수 있도록 허락해주신 주님의 은혜입니다. 그런 은혜가 있었기에 초졸 검정고시를 준비하면서 만 12세 응시자격에 대한 염려도 맡겨드리고 기도할 수 있었던 것 같습니다. "검정고시를 보면 되니 학교를 그만두게 하라"고 명령하신 주님께는 분명 저희를 향하신 선한 뜻이 있으실 것이 믿어졌고, 그래서 주변의 많은 반대에도 불구하고 순종했기에 그 후 일어날 모든 상황 또한 주님께서 인도하실 거라고 믿을 수밖에 없었습니다. 결국 아들이 시험 볼 정확히 그 8월 시험부터, 만 12세 응시자격 조항이 폐지되고 만 11세도 볼 수 있도록 '초중등 교육법'이 개정 시행되었습니다. 전 그런 법이 있는 줄도, 그리고 그 법이 폐지될 줄도 알지 못하고 그저 주님이 하라는 대로 순종하고 갔을 뿐입니다. 그랬더니 그 법을 앞으로 폐지시킬 주님의 계획된 선하심의 역사를 맛볼 수 있는 복을 누리게 된 것입니다.

결국 이 친구는 만 11세에 같은 학년 아이보다 좀 더 빠르게 초등학교를 졸업했고, 감사하게도 좋은 성적을 허락해주신 덕분에 본인도 공부하면 할 수 있다는 자신감을 가지게 되었습니다. 그리고 같이 시험 쳤던 많은 아이들을 보면서 그동안 학교를 다니지 않아 혼

자 뒤쳐지는 건 아닌가라고 생각하던 위축감에서 해방되었고 이제
는 고등학교 과정과 대학 입학을 준비하기 시작합니다. 그 모든 것
이 "순간의 순종이 평생을 좌우한다"는 진리를 깨닫게 해주신 주님
의 은혜입니다.

 기다리라는 사무엘을 기다리지 못
하고 사람의 비위를 맞추느라 자신이 드려서는 안 되는 제사를 드
렸던 불순종, 아말렉을 완전히 몰살하고 아각 왕을 죽이라는 하나
님의 명령에 따르지 않았던 그 불순종 때문이었습니다. 세상적으로
는 이해가 안 되는 일이지만, 자신에게 어려운 일이 닥쳤을 때마다
다른 것이 아닌 자신과 하나님과의 관계를 점검했던 다윗이 받은
형통함의 복에 비교하면 순종의 의미를 조금이나마 알 수 있을 것
같습니다.

　나아만도 마찬가지입니다. 세상적으로는 무용이 뛰어난 장군이었
지만 나병에 걸려 고통 받던 나아만은 이스라엘의 선지자였던 엘리
사에게 와서 고침을 받고자 했습니다. 멋지게 치유시켜줄 것을 기
대하고 갔지만 정작 선지자는 얼굴도 못보고 그 하인 게하시가 나
와 요단강에 7번 몸을 담그라는 말만 전합니다. 기대했던 것보다 별
거 아닌 답을 듣고 그 시원찮음에 분노했습니다. 그러나 별거 아니
라 생각했던 그 명령에 결국 순종했습니다. 본인이 생각하는 것과는

완전히 다른 방법이었지만 믿고 순종했더니 나병으로 인해 문드러졌을 살이 아기의 것처럼 뽀송뽀송하게 변했습니다. 우리도 마찬가지입니다. 우리가 생각하는 방법이 아닌 주님의 방법에 맞게 순종할 때 우리의 완악하고 아프고 힘든 마음의 살과 인생의 살이 갓 천국에서 내려온 아기의 그것처럼 새롭게 변할 것입니다.

순종은 정말 큰 힘이 있습니다. 순종을 하면, 그것은 내 힘으로 할 수 있는 일이 아닌 것을, 내 힘으로 하기에 벅차고 할 수 없는 일을, 주님의 도움으로 해내는 무기를 가지게 되는 것입니다. 내 통제 밖에 있었던 '우연'이라고 부르는 일들이 주님 안에서 '필연'이 됨으로써 더 이상 우연은 존재할 수 없게 되고 마침내 우연을 통제할 수 있는 능력을 갖게 됩니다. 그것이, 쉽게 할 수 있는 일을 하면서 순종한다고 말할 수 없는 이유이며 그러므로 순종에 큰 능력이 있다고 할 수 있는 까닭입니다. 아들을 믿음으로 양육하면서 제가 주님 앞에 순종하면 아들도 제 앞에 순종하는 것을 저 또한 배우게 되었습니다. 그것은 제가 하나님께 순종하면 하나님의 영이 제 안에 임하시게 되고, 그것을 통해 아이를 인간인 제 앞에 순종하는 게 아니라 하나님의 영 앞에 순종하도록 인도하시기 때문입니다. 어린 때에야 아이들은 거의 순종적으로 "엄마엄마 아빠아빠 짹짹짹 삐약삐약"합니다. 하지만 아무리 모범적인 아이에게라도 모든 권위에 복종하지 않으려고 하는 '사춘기'라고 하는 때가 오기 마련입니다. 아이들을 잘못된 길에서 지켜낼 수 있는 완벽한 것은 부모인 나의 보호가 아닌 주님의 보호밖에는 없고, 그 주님의 보호는 내가 순종함으로써 온전하게 내 삶과 내 자녀의 삶 속에서 이루어집니다.

뜻을 알 수 없으십니까? 그분이 왜 그렇게 원하시는지 알 수 없으십니까? 그럴 때 순종이 필요합니다. 이해할 수 없는 일을 시키시는 것은 그만큼 크신 뜻을 우리와 우리의 자녀를 통해 이루시려고 하시는 것이니 말입니다. 마치 갈릴리 가나의 혼인 잔치에서 포도주가 떨어졌을 때 예수님의 말씀에 순종해서, 두세 통 드는 돌 항아리 여섯에 아귀까지 물을 채워 물이 결국 가장 좋은 포도주로 바뀐 기적을 체험했던 하인들처럼 말입니다. "무슨 말씀을 하시든지 그대로 하라"라는 말씀에 순종해서 600리터를 끝까지 아귀까지 채워내 기적을 목도한 제자들과 하인들처럼 순종에 따른 하나님의 은혜를 누릴 수 있는 자들이 되어야 합니다.

혹시 지금 우리에게 무섭도록 크고 무겁고 이유를 알 수 없는 절망의 항아리가 있다면, 그것을 '순종'으로 채워야 절망이 소망으로 바뀌는 기적이 옵니다. 주님은 내 부족함을 인정하게 하고 내 악함이 드러나는 명령을 하시기 때문에 순종하기 어렵습니다. 그러나 순종을 원하시는 것은 우리를 파멸시킬 것들이 우리 안에 자리 잡는 것을 바라지 않으시기 때문입니다. 그런 주님의 사랑을 믿으며 어려운 가운데 드리는 우리의 순종을 받으시고, 우리 자녀 또한 우리 안의 성령님께 순종하게 하시면서 주님을 드러내는 증인의 삶을 살게 하시는 복을 허락해주실 것을 믿습니다.

사무엘이 이르되 여호와께서 번제와 다른 제사를 그의 목소리를
청종하는 것을 좋아하심같이 좋아하시겠나이까
순종이 제사보다 낫고 듣는 것이 숫양의 기름보다 나으니
이는 거역하는 것은 점치는 죄와 같고 완고한 것은 사신 우상에게
절하는 죄와 같음이라 왕이 여호와의 말씀을 버렸으므로
여호와께서도 왕을 버려 왕이 되지 못하게 하셨나이다 하니
(사무엘상 15장 22절~23절)

# 부족함

그러나 내게는
우리 주 예수 그리스도의 십자가 외에 결코 자랑할 것이 없으니
그리스도로 말미암아 세상이 나를 대하여
십자가에 못 박히고 내가 또한 세상을 대하여 그러하니라

(갈라디아서 6장 14절)

나에게 이르시기를 내 은혜가 네게 족하도다. 이는 내 능력이 약한 데서 온전하여짐이라 하신지라. 그러므로 도리어 크게 기뻐함으로 나의 여러 약한 것들에 대하여 자랑하리니 이는 그리스도의 능력이 내게 머물게 하려 함이라. 그러므로 내가 그리스도를 위하여 약한 것들과 능욕과 궁핍과 박해와 곤고를 기뻐하노니 이는 내가 약한 그때에 강함이라. (고린도후서 12장 9절~10절)

부모가 되고 나면 기쁠 때도 많지만 힘들 때가 더 많은 것이 사실입니다. 실은 "힘들다, 힘들다"하면서도 자녀가 주는 사소한 기쁨 덕에 다 잊어버리곤 하지만요. 아이 낳을 때의 고통이 세상 다시 없이 힘들어 더는 안 낳는다고 굳게 다짐해놓고, 아이가 자라면서 한 번씩 날려주는 천사표 웃음에 그 아픔 다 잊어버리고 또 아이를 낳고 있는 엄마의 모습이 그 반증 아닐까요?

부모가 자식으로부터 받는 기쁨이 크면 클수록, 그들로부터 아무 것도 받지 못한다 해도 자식에게 무언가 많이 해주고 싶은 부모의 마음 또한 큰 것이 인지상정입니다. 남들보다 잘 해줄 수는 없어도 남들만큼은 해주고 싶다는 부모의 바람은 그 어떤 불황 속에서도 최고의 육아용품, 최고의 유치원, 최고의 학교와 학원에 쏟는 관심과 그 가치를 끝 모르고 치솟게 만드는 원동력입니다. 그렇게 어릴 때부터 아이가 원하는 것을 최고의 것으로 해주고 싶은 마음에 아

들에게는 엄청난 수의 '빠방'들을 딸들에게는 온갖 '쥬쥬'들과 화장
품들을 방에 넣어주지만, 자라면서 그들이 직접 차를 사고 사람들
과의 관계를 맺게 될 때까지, 그들에게 끝없이 최고의 것들을 보급
해주기에 부모의 지갑은 몹시도 얇아지고 부모 자신을 위해서도 확
장 유지 보수해야할 인간 관계망들도 머리 아프기 한량없습니다. 그
러다 보니 부모가 해주고 싶은 것들을 못해줄 때가 많은 것이 사실
입니다. 그로 인해 우리 아이가 다른 아이들보다 혹시 부족하지 않
을까, 뒤떨어져 상처입지 않을까 전전긍긍하다 보면, 학창 시절 졸업
과 함께 더 이상 내겐 없다고 여겼던 경쟁을 자녀 양육을 통해 또
하고 있는 우리를 발견하게 됩니다.

　모든 세상은 부족함과 모자람 대신에 충분함, 완벽함을 살아내라
고 계속 우리를 몰아칩니다. 가만히 보면 드라마에서도 광고에서도
또는 기타 프로그램과 많은 소비의 통로들을 통해 사회는 계속 우
리에게 '완벽한 삶이란 이런 것'이라고 보여주며 그렇게 살라고 다그
치고, 그렇지 못하면 무언가 뒤떨어지는 삶을 사는 자라고 말하는
것 같습니다. 그래서 우리는 거기에 맞춰 매일 매일 완벽한 삶을 살
기 위해 몸부림치고 있습니다. 완벽한 남편과 아내·부모 되기, 완벽
한 집과 일터 꾸려내기부터 시작해서 심지어는 완벽하게 요리해서
먹고 대접하고 기뻐하기, 완벽하게 휴가를 즐기기, 완벽한 사진을 찍
어 SNS에 일상을 완벽하게 자랑하기 등등을 하며 말입니다. 하지만
그렇게 우리 스스로가 원해서든 혹은 주변의 분위기에 떠밀려 억
지로 끌려가고 있는 것이든, 우리가 추구하고 있는 그 '완벽함'이라

는 것은 역설적이게도 결코 우리 삶을 완벽하게 만들어주지 못합니다. 그 완벽함을 추구하는 사람이 많아지면 많아질수록 그 완벽함을 만들어내는 기준은 계속적으로 높아지고, 그 완벽함의 끝은 원래 우리가 원하던 모습이 아니기 때문입니다.

아시아는 메소포타미아라는 세계 최고最古의 문명이 시작된 이래 고대에서 근세에 이르기까지 서양에 비해 높은 문화 수준을 자랑했습니다. 그에 비해 유럽은 비록 그리스와 로마라는 발달된 문명은 있었지만 서로마가 게르만의 침략으로 무너진(476) 뒤 수세 국면으로 돌아섰습니다. 이민족이 세운 프랑크 왕국이 프랑스, 이탈리아, 신성로마제국으로 분열되고 북쪽의 노르만이나 동쪽의 마자르족, 이슬람 세력 등의 침입으로 인해 중세의 유럽은 그야말로 총체적 수난기를 맞게 됩니다. 외부로의 확장은 고사하고 자신들의 안위를 지켜내기에 급급했던 그들이 만들어낸 것이 봉건제도인데요. 유럽 중세에는 경제적 기반 또한 로마 시대의 활기찼던 도시 중심의 경제 활동에서부터 자급자족적인 농촌 경제 중심으로 이동되었습니다. 또한 국가나 왕이라는 공적 개념에 대한 충성심보다 개인의 사적 이익에 기반을 둔 기사적 성격의 영주가 중심이 된 지방 분권적 사회였던지라 외부 사회로의 팽창을 가능하게 하는 강력한 권력이 없었습니다.

십자군 전쟁(1096~1272)을 통해 만난 이슬람의 모스크와 첨탑을 벤치마킹하기 전까지는 성당 벽을 두껍게 만들 수밖에 없었고 창문을 크게 낼 수조차 없었던, 그래서 창문의 개수대로 세금을 매기는 창문 세稅까지 있었던 중세 유럽. 동방의 선진 문물들을 이슬람을 통해 수입했던, 그리고 자신들의 주식인 육류의 효과적인 보관 방법을 위해 동방에서 비싼 향료를 찾아야 했던, 어찌 보면 세계사에서의 변방이라고 할 수 있는 지역의 역사가 중세 유럽의 역사였습니다. 약 천 년 동안 말입니다.

이슬람이나 중국의 선진 문명에 비해 상대적으로 뒤떨어졌던 유럽은 어떻게 14세기 이후 발전을 거듭할 수 있었을까요? 19세기에 동양을 추월하고, 20세기에는 아시아나 다른 대륙의 민족들을 지배할 수 있는 힘을 가지게 되었을까요? 실제로 동시대 중국의 명과 청 왕조는 '중화'라는 표현에 걸맞게 세계의 중심을 표방한 거대 제국이었습니다. 당시 중국이 서양에 비해 무역 면에서 얼마나 우위에 있었는지 아편전쟁(1839~1842)의 발발 배경을 보면 명확히 알 수 있습니다. 19세기 전반기까지 청의 국제 무역은 광둥을 중심으로 한 공행 무역으로 특허 상인만이 상행위를 할 수 있는 제한적 무역 형태였습니다. 중국과 서양의 무역은 중국의 차, 비단, 도자기와 서양의 은이 교환되는 구조로, 그 시기 영국에서는 차 마시는 습관이 유행해 영국인의 필수기호품이 되었고 시민들 사이에서 비단이나 도자기에 대한 수요도 높아져 수입이 급증했습니다. 반면, 영국 동인도회사가 수출하는 향료, 보석, 모직물, 시계 등등의 중국 내 소비는 미미했습니다. 그러다 보니 유럽 입장에서는 항상 수입이 초과할 수밖에 없었습니다.

그래서 영국은 1793년 매카트니 백작을 보내서 청의 건륭제乾隆帝, 1735~1796를 알현해 불평등한 무역 구조를 개선하고 무역 규모를 확대하고자 했습니다. 하지만 건륭제는 그를 통해 조지 3세George III 1738~1820에게 "중국은 부족한 게 아무것도 없으니 교역도 필요 없다. 그대의 충성심을 알았으니 일부러 사신을 먼 길로 보낼 필요도 없다"는 답신을 보냈다고 합니다. 물론 건륭제는 영국이 보냈던 증기 엔진과 직포기, 시계, 대포와 소총, 허셜 망원경 들을 보지도 않았던 것은 당연합니다.

그러나 명과 청이 해금 정책—바다로 통하는 해상무역을 금함—을 통해 자신들만의 '천하 중심'을 누리는 동안, 포르투갈은 희망봉을 돌아 인도의 캘리컷에 도착했고 에스파냐의 지원을 받은 콜럼버스는 아메리카에 발을 디뎠습니다. 그로부터 유럽은 자신들의 문화와 사상을 새로운 대륙과 새로운 개척지에 이식하고 그들을 지배 정복하면서 자신의 세계를 확대해나가고 힘을 키워갔습니다. 그리하여 결국 중국은 그들이 얕잡아 보았던 서양 세력에 의해 19세기 들어 철저하게 유린당했습니다. 유럽에 의해 종이호랑이에 불과하다고 비웃음을 당하면서 아편전쟁, 제2차 아편전쟁 등으로 반 식민지화되는 지경에까지 이르렀던 겁니다. 이전 송 왕조 시기 이미 산업혁명 직전 단계까지 갈 정도로 제철업, 농업, 수공업, 무역 등의 발달이 탁월했고, 당 왕조 이후 원 왕조를 거치며 사상적으로도 문화적으로도 개방적인 모습들을 볼 수 있었던 중국의 역사적 찬란함에도 불구하고 말입니다.

19세기 유럽과 만났을 때 중국이 맥없이 무너졌던 이유를 아시겠습니까? 그렇습니다. 그 이유는 아이러니하게도 중국이 가지고 있는 '풍요로움'이었습니다. 보신 것처럼 19세기 초까지만 해도 세계 제일의 생산력을 자랑하는 산업 국가였던 명·청은 굳이 정부 차원에서 부담을 무릅쓰고 먼 바다로 나갈 필요가 없었고, 문을 활짝 열어 외국으로부터 생산품을 사들일 필요도 없었습니다. 명실상부한 세계의 '중심'으로서 아쉬운 것이 없는 풍족함을 누렸으니 말입니다. 중국은 그들의 영토 안에 이미 소유하고 있었던 자원, 인구, 물산 등이 워낙 풍요로웠기 때문에 근대 서양의 문물들을 구태여 소유할 필요성을 못 느꼈던 것입니다. 반면 산업을 비롯하여 내세울 게 없었던 '변방' 유럽은 새로운 돌파구를 마련하기 위해 일확천금을 꿈꾸며 해외로 나가야 할 만큼 절박했습니다. 결국 그로 인해 유럽은 세계에서 처음 '근대화'라는 시대적 과제를 이룩하였고, 그를 통해 축적된 '힘'으로 세계사의 무게 중심은 완전히 유럽 쪽으로 이동하게 됩니다.

부족함이 없다는 것은 축복이 아니라 저주의 다른 이름일 수도 있다는 것이 비단 사람만이 아니라 세계사에도 적용되는 진리인 듯 보입니다. 결국 19세기 중국 반식민지화의 과정과 그로 인해 평범한 중국인들이 겪었던 아픔들은 모든 것이 완벽하게 풍요로웠던 자들에게 내려졌던 저주 아닌 저주였습니다. 반면, 인구 증가에 비해 척박한 땅, 부족한 자원, 크리스트교 전파에 대한 열망. 부족한 모든 것들로 인한 알 수 없는 세계를 향한 도전. 유럽에게 있어 그러한 부족함은 먼 미지의 세계에 대한 동경과 함께 밖으로 나갈 수 있는 원동력인 축복이 되었습니다. 그들에게는 필수적인 향료가 부족했고, 토지가 부족했으며 모든 것이 풍요롭지 못했기에 그 부족함이 어쩌면 그들에게는 가장 풍요로웠던 자산이 되었을 것입니다. 물론 그 과정에서 다른 대륙들을 자신들의 발전을 위한 희생양으로 삼은 것은 두고두고 갚아야 할 빚이기에, 지금 유럽은 쇠퇴와 분열, 테러라는 이름 하에서 그 빚을 세계사 속에서 갚고 있는 것인지도 모르겠습니다만, 그 힘의 시작은 부족함에서부터 나왔습니다. 그야말로 '모자람'과 '부족함'이 '완벽함'과 '풍요로움'을 이기고 역사의 주인공이 된 우리가 생각하는 완벽함이 완벽한 것이 아니라 부족함이 완벽함이 된다는 것을 보여주는 실례입니다.

성경 속에 등장하는 믿음의 선진先進들은 모두 부족한 사람들이었습니다. 120년 동안 믿음으로 방주를 지었던 인내의 상징 노아는 포도주에 취하여 하의 탈의를 하고 자다 아들을 실족시키기도 했던 사람입니다. 믿음의 조상인 아브라함은 그야말로 당시 첨단 문명의 상징이었던 메소포타미아 도시 우르에서 우상을 만들어 팔던 가문의 사람이었고 말입니다. 하나님의 음성을 직접 들었어도 본인이 죽을까 무서워 부인을 여동생이라 속이기도 했고, 또 부인의 말에 따라 부인의 노예와의 사이에서 자식을 낳기도 했습니다.

이삭은 어떠했습니까? 분명 그 아들들이 배 속에 있을 때 쌍둥이 동생이 하나님께서 선택하신 자라는 사실을 들었음에도 큰 아들에게 장자 상속을 하려고 했다가 둘 사이에서 살인이 벌어질 뻔했습니다. 야곱은 엄마와 함께 모의를 해서 아버지와 형을 속였습니다. 모세는 살인을 했던 자였고, 유럽과 아시아 교회 형성에 혁혁한 공을 세웠던 바울 선생님은 거듭나기 전에 예수 그리스도를 믿는 자들을 최고로 핍박했던 자였습니다.

이들 모두 부족한 사람들이었습니다. 그들에 비하면 평범한 저희가 오히려 의인인 것처럼 보일 정도입니다. 그러나 하나님께서는 그런 부족한 사람들을 통해 일을 하셨습니다. 일은 부족한 사람이 하는 것이 아니라 그 부족한 사람의 손을 붙들고 계신 능력의 하나님이 하시는 것이라는 것을 가르쳐주십니다. 그런 사람들의 부족함은 완전하신 하나님의 사랑에 의해 채워져 가장 아름답고 선한 결과를 낳았다는 것을 보여주고 계십니다.

오히려 다윗에 비해 인간적으로 흠모할 만한 자태를 지니고 있었던 사울이나 압살롬은 그 완벽함으로 인하여 하나님께 의지하지 못했습니다. 백성들이 보았을 때 왕이 되기에 부족함이 없을 만큼 그들의 외모와 심성은 정말 멋졌습니다. 요즘 어린아이들 표현대로 '훈내가 작렬'했을 것입니다. 그러나 그러했기 때문에 그들은 하나님의 뜻을 여쭙기보다 자신을 높여주는 사람들의 평판에 그들의 선택과 삶을 맡겼고, 결국 하나님의 마음에 합한 다윗의 적이 되기를 선택했습니다. 그래서 그들을 통해시는 하나님의 영광이 드러나지 못했으며 성경에서 그들은 하나님으로부터 버림받은 자의 모습을 보입니다.

고대 로마가 쇠퇴해가는 과정도 부족함과 풍요로움과 관련하여 또한 큰 시사점을 가지고 있습니다. 대제국 로마는 그야말로 유럽 역사에서 빼놓을 수 없는 의미 있는 과거입니다. 그들이 주장하는 대로 이야기한다면 기원전 7세기경 로물루스가 티베레 강변에서 도시를 세운 이후 1453년 동로마 멸망까지 근 2천여 년을 지속해온 제국이었습니다. 작은 도시에서 출발했던 그들은 기원전 5세기에 이탈리아 반도를 통일하고 지중해를 장악했습니다. 그 시기 로마는 그들이 이룩해놓은 정복의 결과물들을 시민권의 확대라고 하는 정치적 수단을 통해 로마 시민들, 심지어 하층민들과도 나누는 과정을 거치면서 공화정을 완성시켰습니다. 외부로 확대되어가던 그 시기 로마는 그야말로 무서울 것이 없는 국가였지요.

그러나 그렇게 견실했던 로마의 기풍은 지중해를 로마의 호수로 삼고 공화정에서 제정으로 정치체제가 변화하면서 더 이상 작용할 수 없게 되었습니다. 속주로부터 들어오는 풍부한 물산, 전쟁이 없이 계속되는 평화 기간, 그 모든 것들이 날카로웠던 그들의 단합의 검을 무뎌지게 만들었습니다. 그러한 풍족함은 카라칼라 대욕장과 콜로세움이 보여주고 있는 것과 같이 지배층에서부터 하층민에게까지 '빵과 서커스'로 나타났습니다. 그러면서 결국 서쪽의 로마는 게르만족의 침략으로 무너집니다. 부족함이 없는 상태에서부터 시작된 교만함과 자기 과신, 그 모든 것은 축복이 아니라 로마에게도 저주가 되었던 것입니다.

우리가 자녀에게 완벽한 것을 해주는 것은 완벽하지 못한 것입니다. 우리가 그들에게 부족함을 안겨주어야, 그들이 하나님을 통해 채워짐을 맛보고 평생 동안 하나님께서 주시는 완벽함을 누리면서 살 수 있습니다. 내 자녀가 내가 보기에 많이 부족하십니까? 감사하십시오. 그것 때문에 나에게 내 자녀는 우상이 되지 못합니다. 그렇기에 내 자녀를 하나님보다 높일 수 없고 내 자녀를 하나님의 자리에 놓을 수 없습니다. 내 자녀의 부족함 때문에 나는 주님 앞에 나아가서 울고 기도할 수 있고, 그것을 통해 내 믿음이 더욱 자랄 수 있기에 부족한 자녀를 주님께서 주신 것은 나와 내 자녀를 사랑하시는 하나님의 그야말로 완벽하신 뜻입니다.

믿음의 사람들이 정말 사랑하는 찬송가들이 있습니다. 〈나의 영원하신 기업〉, 〈오 놀라운 구세주〉, 〈나의 갈 길 다가도록〉, 〈주의 음성을 내가 들으니〉, 〈예수를 나의 구주 삼고〉 등 제목만 들어도 우리의 아픔을 어루만지고 위로해주는 주옥같은 23편의 찬송가를 작시한 분은 화니 제인 크로스비F. J. Crosby, 1820~1915라는 분입니다. 그분은 미국의 가난한 가정에서 태어나, 태어난 지 6주 만에 의사의 실수로 눈이 멀었습니다. 실수를 한 의사는 죄책감에 의사 직을 그만두었습니다. 그 충격으로 아버지마저 잃고 어머니도 일을 해야 했기에 그녀는 외할머니에게 맡겨집니다.

감사하게도 외할머니 유니스는 믿음의 사람이었습니다. 평생 손녀를 남에게 의지하며 살게 할 수 없다고 마음먹은 외할머니는 화니를 강하게 키우면서 성경 암송을 시켰습니다. 8살 때 최초의 시를 쓴 그녀는 점자가 아직 고안되지 않았던 그 시절 강의를 듣고 암기하며 공부했습니다. 특히 음악에 소질을 나타내 각종 악기를 다루게 되었습니다.

시각장애인 학교 교사 생활을 시작하고 30세에 주님을 만난 뒤 44세에 성악작곡가의 권유를 받아 찬송가 작시를 시작한 것이 그 후 9천여 곡의 찬송가를 작사하게 된 계기가 되었습니다. 〈인애하신 구세주여〉는 그분이 작시하자마자 곧 찬송가가 된 불멸의 작품입니다. 자연을 노래한 일반 시도 6천여 작품을 남겼지만 그녀의 마음속에는 오로지 하나님을 찬양하는 일만 있었습니다. 어느 부흥 목사님이 예배 중 특송을 한 화니에게 감사의 말을 전하며 "눈을 감고 이렇게 멋지게 하나님의 찬양 사역을 하니 눈을 뜬다면 얼마나 큰 일을 하겠느냐"며 주님께 눈을 뜨게 해달라고 기도하자고 제안했습니다. 그때 화니는 이렇게 대답했다고 합니다. "목사님. 저는 지금 눈을 뜨고 싶지 않습니다. 내가 눈을 뜨고 싶은 날은 따로 있습니다. 내가 처음 눈을 뜨는 그날 내가 처음 눈으로 보고 싶은 분이 있기 때문이지요. 그분은 바로 예수님이랍니다."

그녀는 평생 동안 시각 장애인으로 산 것도 하나님의 축복이라고 하며 하나님의 섭리에 감사했습니다. 그녀는 비록 육적인 눈은 멀었지만 그로 인한 부족함으로 영적인 눈이 열려, 깊은 영성을 통해 영적으로 앞을 못 보는 많은 사람들의 눈을 뜨게 하는 찬양 시를 지었던 것입니다. 아흔 네 해 동안 그렇게 주님을 찬양하는 삶을 살다 천국에 가신 그분은 〈주가 내게 맡긴 역사〉에서 노래하던 것처럼 소망하시던 주님을 뵈었을 것입니다. 결국 그분의 시각적인 부족함은 그분의 삶에 있어서 주님께 영광을 높이기 위한 최고의 완벽함이었습니다. "믿음으로 사는 사람은 불운을 불평하지 않고 행운을 창조하는 사람이다"라는 말을 남긴 크로스비. 그분이 작시한 찬양을 할 때마다 가슴에 울림이 있고 뜨거워지는 것은 그분의 영성이 찬양을 타고 그대로 전해지기 때문입니다.

약할 때 강함 되시는 우리 주님. 죽어야 살려주시는 우리 주님. 부족할 때 완벽함을 주시는 주님. 버려야 있게 하시는 주님. 져야 이기게 하시는 주님. 울어야 웃음이 되게 하시는 주님. 그런 주님의 큰 비밀을 세상은 이해할 수 없습니다. 주님께 선택함을 받은 우리만이 그것을 믿을 수 있습니다. 예수 그리스도를 구주로 고백한 사람들은 많이 배우고 많이 가졌던 로마의 지배층이나 유대인 서기관, 바리새인이 아닌, 가진 것이 없었던 자, 아팠던 자, 소외받고 힘들었던 자들이었습니다.

"십자가에 관한 말씀이 멸망할 사람들에게는 어리석은 것에 불과하지만, 구원받은 우리에게는 하나님의 능력입니다(고린도전서 1장 18절 『쉬운성경』)"라는 말씀처럼, 부족함이 완벽함이라는 것은 믿지 않는 세상 사람들에게는 이해가 가지 않는 말일 것입니다. 그러나 예수님의 희생의 의미와 십자가의 뜻을 알고 있는 우리는 자녀와의 관계 속에서 혹은 삶의 자리 속에서 부족함을 발견했을 때 감사했으면 합니다. "부족함은 주님이 우리와 우리 자녀에게 주신 축복입니다"라고 말입니다. 내 자녀의 완벽함을 구하는 것이 아닌 내 자녀의 부족함을 인정하고 감사하며, 주님이 함께 계심으로 부족함이 없음을 고백할 수 있는 믿음을 간구하는 성숙한 부모들이 저희일 수 있기를 소망합니다.

하나님께 힘을 간구하여 무언가를 성취하려 했으나

약하게 만드셔서 겸손히 순종하는 것을 배웠네.

하나님께 건강을 달라 하여 더 위대한 것들을 하려 했으나

약하게 하셔서 더 나은 일을 했네.

부를 구해서 행복하려 했으나

오히려 가난하게 하셔서 지혜롭게 되었네.

능력을 간구하여 사람들의 찬양을 받으려 했으나

약함을 주셔서 하나님이 필요를 느끼게 하셨네.

모든 것을 구해서 인생을 즐기려 했으나

삶을 주셔서 모든 것을 즐기도록 하셨네.

내가 구한 것 중 아무 것도 받은 것이 없지만,

희망하던 모든 것을 가졌네.

나는 모든 사람들 중에서, 가장 풍성하게 축복을 받은 사람이리라

–A Confederate Soldier

–크로프트 M. 펜츠, Speaker's Treasury of 400 Quotable Poems–

여호와는 나의 목자시니 내게 부족함이 없으리로다.

그가 나를 푸른 풀밭에 누이시며 쉴 만한 물가로 인도하시는도다.

내 영혼을 소생시키시고 자기 이름을 위하여 의의 길로 인도하시는도다.

내가 사망의 음침한 골짜기로 다닐지라도 해를 두려워하지 않을 것은

주께서 나와 함께하심이라. 주의 지팡이와 막대기가 나를 안위하시나이다.

(시편 23편 1절~4절)

# 지혜

오직 위로부터 난 지혜는

첫째 성결하고 다음에 화평하고 관용하고 양순하며

긍휼과 선한 열매가 가득하고 편견과 거짓이 없나니

화평하게 하는 자들은 화평으로 심어 의의 열매를 거두느니라

(야고보서 3장 17~18절)

지혜를 얻은 자와 명철을 얻은 자는 복이 있나니 이는 지혜를 얻는 것이
은을 얻는 것보다 낫고 그 이익이 정금보다 나음이니라. 지혜는 진주보다 귀하니
네가 사모하는 모든 것으로도 이에 비교할 수 없도다.(잠언 3장 13절~15절)
여호와를 경외하는 것이 지혜의 근본이요 거룩하신 자를 아는 것이 명철이니라.

(잠언 9장 10절)


부모라면 대개 '내 자녀가 명문대에 입학해서 좋은 직장에
취업해 돈 잘 벌면 걱정 없겠다'라는 생각을 하게 마련입니
다. 주님을 믿는 부모이든, 세상에서 아직 주님을 모르고 살고 있는
부모이든, 마음 속 깊은 곳에 품은 소망은 비슷합니다. 때로는 내 자
녀의 재능에 따라 맞춰 격려해줄 거라고 하는 부모가 좀 더 '열린'
부모인 것 같아 보여서 그런 말을 따라 해보기도 합니다. 그렇지만
속내에서 똑 부러지는 자녀를 둔 부모를 여전히 부러워하는 것은,
우리 또한 '학벌'에서 자유롭지 못하기 때문일 것입니다.

그러나 세상에서 아무리 최고의 학벌을 가지고 있어도 주님께서
주시는 지혜를 덧입지 않으면 그것은 교만의 두루마기를 입고 있는
것과 같습니다. 그래서 비록 그는 똑똑할지라도 주변에 그를 진정
으로 사랑하고 그가 잘 되었을 때 진심으로 기뻐해줄 수 있는 자들
대신 시기와 질투와 수군수군 대는 사람들만을 주변에 두는 자가

됩니다. 그런 자는 성공을 거두었어도 지독한 외로움에 빠지게 마련입니다. 비단 똑똑함뿐만이 아닌 인기를 통해 삶을 유지하는 연예인들이나 아이돌idol, 우상 또한 마찬가지입니다. 그래서 혼자 있는 외로움 혹은 최고의 자리에 있다가 내려오게 되었을 때의 힘듦을 견디지 못해 종종 극단적인 길로 내몰리기도 합니다.

우리 자녀들 또한 마찬가지입니다. 자녀들이 남들이 알아주는 "아, 정말 고생해서 갔겠구나. 그 뒷바라지하느라 힘들었겠구나"하는 그런 학교에 들어가 승승장구하며 좋은 직장에 다니는 것은 어느 부모에게나 자랑스러운 일일 것입니다. 하지만 그것이 세상적인 즉, 주님의 뜻과 상관없이 죄악된 우리의 본성에 기초하여 얻어낸 결과일 경우 그 끝은 결국 성공하지 못했다 여겨지는 사람들과 다르지 않습니다. 아니 어쩌면 그들보다 더 복된 삶을 살 수 없을지도 모릅니다.

자녀가 진정으로 지식이 풍부하고 명철이 뛰어나며 지혜로운 자녀가 되길 원한다면 모든 것을 전적으로 주님께 의탁해야 합니다. 왜냐하면 주님이야말로 이 세상 우주 만물을 창조하신 지혜 그 자체이시기 때문입니다.

주님께서 주신 지혜로 말미암아 높임을 받은 대표적인 인물인 다니엘의 삶을 보면 그 모습을 예측해볼 수 있습니다. 다니엘은 유다가 바벨론에 포로로 잡혀갈 때 끌려갔던 아이입니다. 당시 바벨론 왕은 멸망한 유다 왕국인 중에서 흠이 없고 용모가 아름다우며 모든 지혜를 통찰하며 지식에 통달하며 학문에 익숙하여 왕궁에 설 만한 소년을 데려왔습니다. 그리고 그들의 학문과 언어를 가르치면서 왕의 음식과 포도주로 3년을 기르게 했습니다. 하지만 다니엘과 그의 친구들은 뜻을 정하여 왕의 음식과 포도주로 자기를 더럽히지 않겠다고 결심하고 하나님께서 허락하신 음식만 먹었습니다. 주님은 그런 그들과 함께하셔서 바벨론의 산해진미를 먹은 다른 자들보다 더욱 아름답고 살이 윤택하게 하셨습니다.

> 하나님은 이 네 사람에게 지혜를 주셔서 모든 문학과 학문에 뛰어나도록 해 주셨습니다. 또한 다니엘에게는 환상과 꿈을 해석하는 특별한 능력을 주셨습니다. (다니엘 1장 17절 『쉬운성경』)

> 왕이 그들에게 여러 가지 지혜와 지식에 관한 문제를 물어보고, 그들의 지혜와 판단력이 전국에 있는 어떤 마술사나 주술가보다도 열 배는 뛰어나다는 것을 알게 되었습니다. (다니엘 1장 20절 『쉬운성경』)

그런 다니엘에게 꿈을 해석하는 능력을 주신 주님은 그를 바벨론의 고관으로 올리셨습니다. 심지어 바벨론에서 페르시아로 정권이 넘어간 후에도 다니엘은 마음이 민첩하여 총리들과 고관들 위에 뛰어나서 왕이 그에게 전국을 다스리게 했습니다. 그야말로 제국의 최고 관리가 된 것입니다. 그런 그이니 하루가 얼마나 바빴겠습니까? 그러나 그 바쁜 와중에도, 심지어 왕 이외의 누구에게라도 무엇을 구하면 사자 굴에 던져 넣는 법률이 정해진 것을 알고서도, 그는 자기 집 윗방에서 예루살렘으로 향한 창문을 열고 하루 세 번씩 무릎을 꿇고 기도하며 그의 하나님께 감사했습니다. 그런 다니엘이 모함당하여 사자 굴에 던져지자 주님께서는 사자의 입을 막으시면서 지켜주셨습니다. 그렇게 주님께 보호받은 그는 총리로 있었던 다리오 왕과 고레스 왕의 시대에 형통했습니다.

그 이후 선지자 예레미야를 통해 유다 왕국에게 약속하셨던 70년 포로 생활이 찼을 때, 다니엘은 주님께서 주신 지혜로 그 섭리를 깨닫고 기도했습니다. 그는 기도와 간구를 통해 주님의 환상을 보았고 그의 동포들은 이후 포로 생활에서 풀려나게 됩니다.

내 조상의 하나님, 주께 감사와 찬양을 드립니다. 주는 내게 지혜와 능력을 주셨습니다. 우리가 주께 구한 것을 주시고 왕의 일을 우리에게 알려 주셨습니다. 내게 지혜와 능력을 주시는 주께 감사와 찬양을 드립니다.

(다니엘 2장 23절 『쉬운성경』)


초등학교 4학년 때 담임선생님께서는 반 아이들 나머지 공부를 성적이 좋은 친구들과 함께하게 하셨습니다. 그때 제가 친구에게 설명하는 것을 유심히 보시던 선생님께서 "지현이는 나중에 선생님을 하면 좋겠다"라고 말씀하셨습니다. 그런데 저는 그 말씀이 마음에 차지 않아서 반항하는 마음으로 더 그럴듯해 보이는 꿈들을 이야기했습니다. 고등학교 때 제가 너무나 존경했던 세계사

선생님께서도 제게 초등이나 중고등학교 교사가 되면 좋겠다고 사범대나 교대를 권유하셨습니다. 그런데도 전 이상하게 싫어서 그 계열은 아예 젖혀두고 '역사를 좋아하니 사학과를 가야겠다'라고 결심해 그 길로 들어섰습니다.

주님이 제 인생에 남 앞에서 무언가를 전하는 길을 예비하셨기 때문이었는지, 전 대학 재학 내내 등록금을 마련하기 위해 아르바이트로 중고등학생 과외를 해야 했습니다. 다른 친구들은 놀고 여행 다니고 학원 다니면서 즐겁게 대학 생활의 낭만을 즐길 때, 전 저녁이나 주말, 휴일이면 거의 매일 과외를 해야 했기 때문에 정말 힘들었습니다. 등록금 납기일이 다가오는데 제 때에 과외비를 받지 못해 눈물 나게 가슴이 조이던 때도 있었고 시험 기간 도서관에서 열심히 공부에 집중할 수 있는 친구들의 모습을 뒤로 하고 과외 때문에 나와야 했을 때, 그래서 성적을 원하는 만큼 받지 못한 것 같은 생각이 들 때에는 정말 많이 속상했습니다. 그러면서 넉넉지 못한 가정 형편을 원망하기도 많이 했던 것 같습니다. 그때 주님을 알고 있었다면, 그 모든 상황을 주님께 맡겼다면, 과외를 하러 다니던 그 밤의 길들이 그토록 외롭고 힘들지 않았을 텐데 말입니다.

하지만 과외를 했던 그 넓은 스펙트럼의 아이들을 통해 저는 주님께서 저에게 주신 달란트를 발견했습니다. 아이들은 저와 수업하는 것을, 제게 자신들의 이야기를 하는 것을 좋아했습니다. 심지어 성적도 잘 나와 결과들이 좋았습니다. 그래서 감사하게도 어머니들은 주변 분들에게 절 소개시켜주셨고, 그런 전 대학원 때까지도 과

외를 하고 졸업하고 나서는 학원 강사를 하며 아이들의 마음과 가까이 하는 것을 배웠습니다.

그러다 보니 욕심이 났습니다. 학교에서 기간제 교사를 시작하면서 그 불안한 위치도 위치였지만 아이들을 끝까지 책임질 수 없기에 아이들과 무언가를 시작할 수조차 없는 것이 속상했습니다. 그래서 본격적으로 임용고사 준비를 시작했고 교회에 발을 딛기 시작한 것도 그때였습니다. 임용고사 준비를 하면서 많이 힘들었습니다. 다른 사람들이 준비한 것보다 짧은 기간, 일과 병행하면서 저녁부터 새벽까지 독서실에 있다가 잠깐 자고 아침에 학원에서 수업 들으며 준비했으니 말입니다.

하지만 그 바쁘고 힘든 와중에 잊지 않았던 것은 독서실에서 공부를 시작하기 전 반드시 잠언 말씀 한 장을 필사하는 것과 임용고사를 통과시켜 주시면 철저한 십일조 생활과 아이들에게 최선을 다하는 생활로써 주님을 전하는 그런 선생님이 되겠다고 서원하는 기도를 드리는 것이었습니다. 그때에는 믿음이 워낙 어렸기 때문에 이런 기도들이 얼마나 기복적인 기도인지 어린아이 같은 생각인지도 몰랐지만 주님은 그런 저의 어린 믿음까지도 기뻐하셨던 것 같습니다. 사실 그렇게 필사하고 기도하면 안 할 때보다 공부시간이 줄어드는 것은 맞습니다. 그런데 놀랍게도 그렇게 말씀을 쓰고 기도드리고 공부를 시작하면 주님께서 도와주셔서 기가 막히게 지혜가 열려 정리도 암기도 짧은 시간 내에 이루어졌습니다. 나중에 임용고사 문제를 풀면서 저는 정말 놀랐습니다. 제가 그동안 공부하면서 이상하게 계속 신경이 쓰여 특별히 준비했던 부분들이 그대로 시험문제에 나왔고, 그것은 면접을 볼 때에도 마찬가지였습니다. 그 결과, 경기도에서 열 손가락 안에 드는 성적으로 합격을 해 집에서 차로 10분도 걸리지 않는 고등학교에 발령을 받았습니다.

> 너희 중에 누구든지 지혜가 부족하거든 모든 사람에게 후히 주시고 꾸짖지 아니하시는 하나님께 구하라 그리하면 주시리라. (야고보서 1장 5절)

> 지혜가 부족한 사람이 있으면 하나님께 구하십시오. 하나님께서는 자비로우셔서 모든 사람에게 나눠주시는 것을 즐거워하십니다. 따라서 여러분이 필요로 하는 지혜를 주실 것입니다. (『쉬운성경』)

많은 학생들이 바빠서, 해야 할 일이 많아서, 특히 시험 기간이나 고3이나 취준생이면 공부를 제외한 그 모든 일에 예외라고 생각합니다. 그 예외에는 심지어 주님께 예배드리고 기도하고 말씀 읽는 시간도 들어갑니다. 그래서 부모님들은 아이들이 어렸을 때에는 어린이 예배와 성경 학교 등에 열심을 내게 하다가도 자녀들이 중고등학교 학생이 되면 부모님 스스로 먼저 아이들에게 있어 최고 순위를 학교 성적으로 바꾸어버립니다. 거기에 맞추어진 아이들이 자라나서 자신들이 우선순위로 생각하는 여행, 직장, 데이트, 술, 친구들과의 약속, 휴식, TV를 예수님보다 먼저 생각하면 그제야 부모들은 이를 한탄하며 "왜 그렇게 되었는지 모르겠다"고 탄식합니다. 사실 시작은 부모님부터인데 말입니다. 저는 제게 그와 같은 은혜가 있었기 때문에 자녀에게 공부를 하고 세상을 살아가는 지혜가 임하기 위해서는 먼저 주님 앞에 무릎 꿇는 시간이 반드시 선행되어야 한다는 것을 믿습니다. 그 어떤 것도 주님보다 우선시될 수 없습니다.

아들이 검정고시를 준비할 때 고민했던 것 중 하나가 시험 치르는 요일이었습니다. 1년에 두 번 있는 검정고시 날짜는 전반기의 1차는 주일, 하반기 2차는 토요일이었습니다. 감사하게도 초졸 검정고시는 응시 연령을 낮추도록 법을 개정시켜주셔서 2차에 응시했기에 예배와 겹치지 않게 시험을 볼 수 있었습니다. 그다음으로 중졸 검정고시가 문제였습니다. 고등학교 공부는 중학교에 비하면 쉽지 않아 1차를 보고 일찍 공부를 시작하는 것이 이 친구가 편할 것 같았기에 1차 시험을 치르게 하고 싶었습니다. 무엇보다 검정고시 때문에 심적인 부담을 가지는 아이를 몇 개월이라도 빨리 자유롭게 해주고 싶었습니다. 그래서 1차 시험으로 준비를 시키고 있었지만 요일이 주일인지라 계속 기도하고 있었습니다. 결국은 "모든 것을 주님 뜻대로 이루시라"는 기도를 드렸고 시험 공고만을 기다렸습니다. 그런데 그런 저의 마음과 저희 처지를 주님께서 불쌍히 여겨주셨는지 아들이 치를 검정고시를 토요일에 실시하는 역사가 일어났습니다. 그 날짜가 발표되었을 때 아들이 얼마나 좋아했는지 모릅니다. 저는 기도를 받아주시고 국가의 행정 날짜까지도 바꾸시는 주님의 은혜에 감사하며 울 수밖에 없었습니다.

거의 혼자 힘으로 중학교 과정을 마치면서 생각보다 별로 만족스럽지 못하게 준비했기 때문인지 아들은 시험을 앞두고 굉장히 주님께 매달렸습니다. 저는 사실 친절한 엄마는 아닙니다. 아들은 과학을 준비하면서 생물 부분이 약하다며 제게 생물 문제는 나오지 않게 해주시라고 주님께 기도해주시면 안 되겠느냐고 부탁했습니다. 그런 아들에게 저는 단박에 이야기했습니다. "아마 하나님께서는 그런 널 강하게 만드시려고 생물 문제만 잔뜩 내주실걸." 하얗게 질린 아들은 다음날부터 생물에 파고들었습니다. 결국 아들은 어떤 방법으로든 주님의 음성에 순종하려고 몸부림치면서 몇 개월을 보냈고 시험을 치렀습니다.

아들이 시험을 끝내고 나오면서 자신의 시험 결과에 감사할 수 있는 것은 다 주님 덕분이라고 고백했습니다. 자신은 생각보다 완벽하게 시험 준비를 하지 못해 불안했기 때문에 시험 보는 동안에도 계속 기도를 드렸다고 합니다. 기도하면서 10분 동안 문제 풀고 나머지 시간 동안 7번을 검토하고 검토하면서 헷갈리는 문제 앞에서 계속 기도를 드렸는데, 주님께서 주시는 마음대로 체크했더니 시험 끝나고 보니 그것들이 다 정답이었다는 것입니다. 반면에 자신 있게 푼 문제에서 어이없이 틀려 '교만이 패망의 선봉'임을 또한 배우면서, 고등학교 졸업과 대학 입학 준비는 정말 열심히 하고 싶다고 고백했습니다(놀랍게도 과학에서 생물 문제는 거의 나오지 않았다고 합니다).

사실 아들의 공부 시간은 같은 학년의 아이들에 비하면 턱없이 부족한 게 맞습니다. 심지어 이 아이는 주님께서 특별히 원하는 것이 있으신지 드럼과 재즈 피아노를 취미 삼아 하루에 4시간 이상씩 하고 있으니 다른 아이들에 비하면 정말 너무 부족한 학업량입니다. 그럼에도 중학교 3년의 내용을 1년 정도 시간 동안 혼자 공부하며 끝내게 해주신 것은, 그런 부족한 시간 중에도 아침에 일어나면 반드시 드리는 예배 중에 주님과 대화하며 순종하려 노력하고, 용돈을 받은 것에서 철저하게 먼저 주님의 것을 구별하여 드리는 것에 대해, 주님께서 지혜를 부어주신 덕분이라는 것을 믿어 의심치 않습니다.

제게 임했던 주님의 지혜 부어주심의 은혜와 제 아들에게 허락하시는 체험을 통해 온전한 지혜는 절대로 내가 가질 수 없음을 압니다. 학교나 책을 통해서는 그것을 배울 수 없음을, 머리로는 절대로 그 지혜를 터득할 수 없음을 압니다. 물론 이런 과정을 걷는 동안 제게 주변의 아이들을 보며 흔들리고 마음 아팠던 때가 없었던 것이 아닙니다. 같은 학년 아이들이 학원을 수없이 다니면서 아침부터 밤까지 똑똑해지는 모습이 눈에 보이고, 그 결과 좋은 중학교 고등학교에 입학하는 것을 볼 때 그래서 그런 자녀들의 모습으로 인해 부모들의 어깨가 으쓱해지고 어디선가 할 말이 생기는 것을 볼 때, '왜 내게는 그런 복을 허락하지 않으셨을까' 기도하면서 많이 울기도 했습니다. 낮에 외출하면 왜 학교에 안 가느냐고 묻는 어른들을 수없이 만나, 일부러 아이들 하교 시간까지는 나가지 않는 아이를 보며 가슴을 쳤던 때가 한두 번이 아닙니다. "어느 학교를 다닌다"라든지 "몇 학년이다"라고 말할 수 있는 것이 얼마나 감사한 일인지, 저희에게는 그 말을 해보는 것이 때로는 얼마나 소원이 되는지 많은 분들은 이해가 안 되실 겁니다.

하지만 다른 아이들이 중학교 사춘기를 겪으며 엄마와 부딪히거나, 부딪힐 용기가 없는 아이들이 엄마 눈을 피해 일탈하는 것들을 보며, 아직도 엄마와 밥 먹으며 이런저런 이야기하는 것을, 예배드리고 찬양하고 말씀 읽는 것을 당연시하는 아들의 모습에 전 감사할 수밖에 없습니다. 피치 못하게 늦게 들어가던 날 제가 혼자 있을 아들을 걱정해 문자를 보냈던 때가 있습니다. 아이는 이런 답을 날려 저를 놀라게 했습니다. "그 옛날 광야를 홀로 헤매던 야곱과도 같은 처지입니다." 친절하지 않은 엄마는 한 치의 긍휼함 없이 여기에 대꾸해주었습니다. "그럼 이제 주님을 곧 만나시겠군. 돌베개를 베고 자야하는데." "제 베개는 그러기에는 너무 푹신합니다. 베개찡." 결국 저는 여전한 아이 같음에 웃으면서 아이스크림을 사들고 갔답니다.

많은 믿는 부모님이 아이들에게 말합니다. "주님의 영광을 위해 공부해야 한다"라고 말입니다. 주님을 믿는 아이들이 세상의 아이들보다 공부를 못하면 주님의 영광을 가리는 것이니 열심히 해야 한다고 말입니다. 그런데 그런 말을 할 때 그 안에 잠재된 우리 스스로도 잘 깨닫지 못하는 내적 동기가 어떠한지 잘 살펴야 합니다. 사울도 아말렉을 진멸하라는 명령에 순종하지 않으면서 말로는 하나님께 좋은 것을 드리고 싶어서 살려놓은 거라고 했습니다. 하지만 실은 그 마음속에 하나님의 말씀을 거역하고자 하는 불순종이 작용했습니다. 하나님께 좋은 것을 드리기 위해서가 아닌, 자신이 그 것을 취하고 높아지고 싶었던 마음이 있었던 것입니다. 우리가 자녀들에게 정말 하나님의 영광을 위해 공부를 잘해야 한다고 할 때 진짜 하나님의 영광을 위함인지 그로 인해 자신들의 못 다함을 채우고 싶음인지 돌아보아야 합니다. 하나님께서는 공부를 잘하는 아이를 통해서 영광을 받으시는 것보다 아이가 하나님을 만나고 하나님의 음성을 들어 하나님과 사람 앞에서 사랑스러워져가는 것을 더욱 원하십니다.

예수는 지혜와 키가 자라가며 하나님과 사람에게
더욱 사랑스러워 가시더라. (누가복음 2장 52절)


이 말씀에 아이들의 지혜와 자람에 관한 비밀이 숨어 있습니다. 물론 그 누구도 예수님처럼 될 수 없습니다. 그러나 부모인 우리는 이 말씀 속에서 우리 자녀들의 지혜와 자람에 대한 소망을 얻어야 합니다. 아이들은 지혜와 키가 자라가면서 부모에게 대들기 시작합니다. 일명 '머리가 자란' 것이지요. 사랑스러운 것은, 아무것도 모르고 키도 작았던 어린 아기일 때입니다. 하지만 예수님께서는 지혜가 자라고 키가 자라가시면서 하나님과 사람에게 더욱 사랑스러워지셨습니다. 저희 자녀들이 자라면 자랄수록, 지혜가 자라고 키가 자랄

수록 사랑스러운 사람이 되는 것은 공부를 잘해서 높임 받기 때문이 아닙니다. 그 안에 주님의 영이 임함으로 그로 인해 하나님과 교제하기 때문에 부드럽고 온유하면서도 지혜롭고 굳센 자녀가 될 수 있는 것입니다. 그것은 세상의 학습서, 자기계발서, 문제집, 참고서, 문화 센터 강의만으로는 절대 이룰 수 없는 것입니다. 그것은 부모인 저희의 눈물과 애통함, 기도, 말씀, 예물, 예배가 쌓이고 쌓여 아이들의 길을 닦아야 가능한 것입니다.

> 아이가 자라며 강하여지고 지혜가 충만하며
>
> 하나님의 은혜가 그의 위에 있더라. (누가복음 2장 40절)

교사로 지내던 시절, 주님께서는 제게 정말 멋진 제자들을 허락하셨습니다. 고교 졸업 전 마지막 급식을 먹으며 급식 담당 아주머니들께 그동안 감사했다고 급식 차에 큰 메모를 담아 전해 식당을 눈물바다로 만들었던 제자들은 지금 생각해도 정말 기특한 녀석들입니다. 말로 다할 수 없이 많은 예쁜 제자 중 특별히 저의 심적인 조력자가 되어주었던 제자가 있습니다. 다른 아이들이 학원 수업이다 뭐다 다 빠질 때에도 항상 학교에서 야간자율학습을 통해 공부하면서 그것만으로도 전교 1등을 놓치지 않던 친구였습니다. 시험 때가 되면 다른 공부 잘하는 아이들은 그렇지 못한 아이들이 계속 물어봐 공부를 할 수 없다며 야자를 빼달라고 하기 일쑤였지만, 그 친구는 남아서 물어보는 아이들에게 다 가르쳐주며 공부했습니다. 그러면서 가르쳐주면 더 잘 외워져 좋다고 웃었습니다. 그런 그가 일주일에 한 번 야자를 빠지던 때가 있었는데 바로 금요일이었습니다. 금요일 철야 예배를 드리고 토요일에 공부 잠깐 하고 주일에는 하루 종일 목회자이신 아버지를 도와 교회 일을 했습니다. 다음 날인 월요일이 고3의 시험일지라도 예외는 없었습니다.

하나님 앞의 삶을 우선으로, 남을 돕는 것을 기뻐하는 훈련이 되어 있던 그의 삶은 하나님이 책임지고 계십니다. 비록 그가 원하는 대학은 막으셨으나 포기하고 있던 미국 대학원 유학길을 열어주셨고 그곳에서 하나님을 만나는 훈련을 시켜주셨습니다. 그리고 이곳에서 그가 원하던 대학과 준비하던 취업보다 훨씬 그에게 적합하고 좋은 길을 열어주셨습니다. 그곳에서 유학생활을 하면서 아르바이트를 하느라 공부를 제대로 해내지 못해 성적이 좋지 못하다고, 그래서 취업이 힘들 것 같다고 낙망해하던 그에게, 주님께서는 그가 가장 잘하는 일을 할 수 있는 직장까지 열어주셨습니다.

성적도 학교도 직장도 아이의 노력만으로 가는 것이 아닙니다. 세상의 성적과 돈과 학교와 직장과 평판에 무릎 꿇는 것이 아닌 주님 앞에서 주님께서 열어주신 문을 향해 먼저 무릎 꿇을 때, 주님은 내 자녀의 삶 가운데 가장 필요한 지혜를 주셔서 가장 필요한 곳에서 발휘되게 해주십니다. 그런 지혜는 자기 개인의 영달과 사적인 이익만을 추구하는 것이 아닌 많은 사람들을 살리는 오병이어의 기적과 같은 풍요로움을 낳을 수밖에 없고, 그 과정에서 주님은 영광을 받으십니다.

그런 사랑스러운 어른을 누가 싫어하겠습니까? 지혜는 똑똑해지기 위함이 아닙니다. 주님과 사람에게 사랑스러워져가기 위함입니다. 넓어지고 깊어지고 더 보드라워지기 위함입니다. 많은 사람을 품어내기 위함입니다. 그렇기에 그런 지혜를 받은 자는 많은 것들을 나누고 싶어 합니다. 많은 것들은 남에게 주면 사라진다고 생각하지만 하나님께서 주신 사랑과 화평은 나누면 나눌수록 커집니다. 나누지 않으면 죽을 것 같은 마음이 드는 것이 놀라운 정도입니다. 세상에서 1등이 되기 위해서는 다른 사람들을 밟고 내 발 밑에 두어야 하지만, 하나님의 지혜를 받은 사람은 하나님 나라의 법칙을 알아 1등이 되기 위해서는 다른 사람을 1등으로 만들어야 한다는 것을 압니다. 다른 사람을 세워야 나 또한 세워질 수 있고. 섬김을 받기를 원한다면 먼저 섬겨야 하는 주님 나라의 법칙을 알며 그것을 실천하게 됩니다.

다니엘은 끝까지 세상 앞에 무릎을 꿇지 않았습니다. 보기에 좋다하여 아무것이나 먹지도 않았습니다. 오직 주님이 기뻐하시는 대로만 행했습니다. 그랬기에 대국을 다스릴 수 있는 지혜를 얻었던 것입니다. 그런 지혜를 가지고 있으므로, 그 지혜조차도 주님으로부터 왔음을 철저히 깨닫고 있기에, 교만해진 것이 아닌 오로지 주님께만 영광을 돌릴 수 있는 자가 된 것입니다.

내 자녀의 지혜로움을 위해 부모인 우리는 무엇을 해야 하는지 진지하게 숙고해야 할 것입니다. "문제아는 없고 문제 부모만 있다"라는 말이 있습니다. "외동 자녀가 있는 것이 아닌 외동 자녀를 둔 부모가 있는 것"이라는 말도 있습니다. 지혜로운 자녀가 있는 것은 지혜로운 부모가 있기 때문일 것입니다. 부모인 저희가 먼저 주님으로부터 자녀를 키우는 데 지혜를 받아야 할 것입니다. 유명하다는 심리 상담을 받아 내 자녀의 마음을 이론적으로 알아 대처한다 해도, 피와 성격의 특징, 기질 분석을 통해 내 자녀에게 맞는 공부를 시킨다 해도 그 어떤 것도 완전히 자녀의 지혜를 보증할 수 없습니다. 내 자녀의 지혜를 보증할 수 있으신 분은 이 세상을 지혜로 창조하신 주님밖에 없으시다는 것을 믿고 그분 앞에 무릎을 꿇는 부모가 되었으면 좋겠습니다.

지혜 있는 자는 궁창의 빛과 같이 빛날 것이요

많은 사람을 옳은 데로 돌아오게 한 자는 별과 같이 영원토록 빛나리라.

(다니엘 12장 3절)

# 인내

우리가 소망으로 구원을 얻었으매 보이는 소망이 소망이 아니니 보는 것을
누가 바라리요 만일 우리가 보지 못하는 것을 바라면 참음으로 기다릴지니라

(로마서 8장 24~25절)

그러므로 형제들아 주께서 강림하시기까지 길이 참으라. 보라 농부가
땅에서 나는 귀한 열매를 바라고 길이 참아 이른 비와 늦은 비를 기다리나니
너희도 길이 참고 마음을 굳건하게 하라 주의 강림이 가까우니라.

(야고보서 5장 7절~8절)

요즘 TV나 방송에 나오는 광고를 볼 때마다 제 어린 시절에
비해 참으로 많은 것들이 달라졌음을 느낍니다. 광고의 대
부분이 핸드폰과 노트북, 게임, 차, 그리고 고급 가전제품과 '먹음'
과 관련된 것임을 보면서 현대는 그야말로 기계 속에서, 먹는 것 속
에서 '재미'를 추구하고 그걸 통해 자기를 나타내는 시대인 것 같다
는 생각이 듭니다. 다들 정말 호흡하는 것조차 쫓기듯이 할 정도로
바쁘고 마음의 여유가 없는 일상이다 보니 아무 생각 없이 쉬는 시
간을 갖고 싶기 때문인 듯합니다. 그래서 '살기 위함'이 아닌 단순
한 '재미'를 위해 '먹는 것'들을 통해서 혹은 유명 연예인들이 특별
한 일을 하는 것이 아닌 일상을 영위하는 행위—다른 것 없이 삼시
세끼를 해 먹는 과정, 여행 다니기, 모여 술을 마시면서 아는 지식들
을 풀어놓는 것, 식당을 운영해보는 것 등—들을 보면서 사람들이
만족감을 많이 느끼는 것 같습니다.

'재미'와 '효율성'을 우선시하는 현대인들 가운데엔 "사람을 많이 만나는데 만나도 외롭다", "해야 할 일이 많은데 하고 싶은 일이 없다", "정말 바쁘지만 진짜 심심하다"라는 고민을 마음에 품고 그 결과인 '우울증'을 남몰래 겪는 이들이 많다고 합니다. 그래서 쉬고 싶은데 쉬고 있으면 뒤떨어지는 것 같아 진짜 쉴 수가 없어서 남이 쉬는 모습을 보며 대리만족을 느끼고 있나 봅니다. 참으로 마음이 먹먹해지는 현상입니다.

이런 모습은 마치 미래의 언젠가를 위해 시간 도둑에게 시간을 빼앗기고 현재를 점점 바쁘게 살면서 기쁨을 잃어버린 이야기 『모모』(미하엘 엔데, 1973)속 어른들의 마음에 그대로 나타납니다.

하긴 시간을 아끼는 사람들이 옛 원형극장 인근 마을 사람들보다 옷을 잘 입긴 했다. 돈을 더 많이 벌었기 때문에 더 많이 쓸 수 있었던 것이다. 하지만 그들의 얼굴에는 무언가 못마땅한 기색이나 피곤함, 또는 불만이 진득하게 배어 있었다. 눈빛에는 상냥한 기미라고는 찾을 수 없었다.

5분 안에 끝나지 않으면 그들은 시간 낭비라고 생각했다. 그들은 아주 빠른 시간 내에 가능한 한 많은 즐거움과 휴식을 줄 수 있는 오락을 찾았다. 그랬기에 그들은 축제도 제대로 즐길 수 없었다. …하지만 그들이 가장 견딜 수 없어하는 것, 그것은 정적이었다. 사방이 고요하면, 그들은 자기네 삶에서 벌어지고 있는 일을 어렴풋이 짐작할 수 있었고, 그러면 밀물처럼 불안이 밀려 왔다. 그래서 그들은 정적이 찾아들 것 같은 기미만 보이면 요란하게 소란을 떨었다. 하지만 그것은 어린이 놀이터의 즐거운 소란이 아니었다. 미쳐

날뛰는 듯한 이 불쾌한 소란은 나날이 볼륨을 높여 가며 대도시를 가득 채웠다. 사람들은 시간을 아끼면 아낄수록 가진 것이 점점 줄어들었다.

정말 우리의 모습을 보는 것 같지 않습니까? 이로부터 탈피하고 싶어서 'Slow Life'를 살기 원하는 사람들조차 역설적으로 이런 삶으로부터 영향을 받고 있습니다. 왜 우리가 이런 모습을 가지게 되었을까요? 사람들은 무엇 때문에 시간을 그토록 아껴가며 돈을 벌고 싶어 하는 걸까요? 무엇을 가지고 무엇을 자랑하고 무엇을 쓰고 싶어 하는 것일까요? '돈'이라는 어딘지 천박해 보이는 것 같은 목적이 아니라 '자아실현'이라든지 '자기 만족감'이라는 고차원적 이유를 붙인다 해도 우리는 어느 수준까지 도달해야 만족할 수 있을까요? 이렇게 무언가를 계속 추구하는 것은 무엇을 해도 채울 수 없는 텅 빈 곳이 우리 마음에 있기 때문이 아닐까요? 그러면 그 텅 빈 곳은 우리가 노력하면 스스로 채울 수 있는 걸까요? 명상을 하고 봉사를 하고 스스로 괜찮은 사람이 되었다고 생각하면 채울 수 있을까요? 긍정적으로 생각하고 잘될 거라고 스스로를 다독이고 매일 잘살겠다고 결심하면 채워질까요? 돈이 많으면, 명예가 높아지면, 그래서 사람들로부터 인정받고 높임을 받으며 수많은 사람들과 좋은 인간관계를 맺으면, 그 텅 빈 곳이 채워질까요?

하지만 정말 돈이 많아 말로 표현 못할 부를 누리거나 높은 명예를 획득한 사람들 심지어 저명한 정치가나 학자, 성자에게서 가끔씩 터져 나오는 어마어마하게 어두운 모습들은 그들이 진정으로 행복한 삶을 산다 말할 수 없다는 것을 보여줍니다. 그러니 그 텅 빈 마음의 공간은 그 생긴 이유를 알아야만 채워질 수 있겠지요.

사람은 지어졌을 때부터 다른 동물과 구별된 가장 중요한 특징을 가지고 있습니다. 바로 '영원을 사모하는 마음'을 가지고 있는 것입니다. 즉 우리의 모든 것은 다 유한하기 때문에 영원한 것들을 계속적으로 사모하는 것입니다. 그래서 영원한 사랑을 노래하고 변하지 않는 금이나 다이아몬드의 가치를 높게 매기고, 어떻게 하면 건물이나 제도가 오래 버티고 남을 수 있는지 연구하고 작품을 만드는 것입니다. 그 어느 때보다 유행의 사이클도 짧아 빨리빨리 모든 것들이 교체되지만 내가 만든 것이 빨리 사라지기를 원하는 사람은 아무도 없습니다.

그것은 하나님께서 인간을 지으실 때 영원하신 주님을 닮은 형상으로 만드셨기 때문입니다. 그래서 우리 마음속에서는 사모하게 되고 그 영원한 것을 모시고 싶어 하고 닮고 싶어 하는 겁니다. 그러면 우리가 사모하고 모실 분은 한 분뿐이죠. 이 세상 우주 만물은 주님 한 분 빼고는 다 유한하니 말입니다. 심지어 해도 달도, 우주도 순간순간 끝을 향해 가고 있지 않습니까? 그럼에도 우리는 우리를 창조하셔서 그 누구보다 우리를 잘 알고 계시는 영원불변하신 하나님으로부터 떨어져 나오면서 그분으로부터의 독립을 선언했습니다. 그러니 그분을 사모하고 그분께 의지하고 관계를 맺어야 채워질 수 있게 지어진 마음은 텅 비어버리게 된 것입니다. 나를 만들어내셔서 나에 대해 나보다 더 잘 아시는 분인 그분이 오죽 내게 좋은 것들만을 준비해 두셨겠습니까. 그럼에도 내가 나와 내 환경에 대해 더 잘 안다고 생각해서 그분으로부터 떨어져 나와 내게 필요한 것은 내가 책임져 찾아 채우겠다고 반기를 들었으니, 내가 모든 것에 책임을 져야 하고, 그러니 '수고하고 무거운 짐 진 자들'이 된 것입니다. 영원히 좋은 그것을 이리저리 찾아다니다 보니 '더 많이 더 빨리'하며 우리 스스로를 쉴 새 없이 몰아붙이게 되었고요.

그런 우리가 진정한 안식과 쉼, 평화를 누릴 수 있는 길은 무엇이겠습니까? 결국 우리를 지으셔서 우리를 누구보다 잘 아시는 주님께 모든 것을 맡겨드리는 것입니다. 주님께서 저희에게 가장 좋은 걸 주시기 위해 우리가 하길 원하시는 일을 하는 것입니다. 그리고 그분이 직접 일을 하시도록 인내로 기다리는 것입니다. 그분이 일을 직접 하시면 내가 아무리 노력해도 되지 않는 일들이 이루어집니다. 내가 바꿀 수 없는 환경이 바뀌고 어찌해볼 수 없는 사람의 마음이 변합니다. 그런 일들이 이루어지기 위해서는 그런 주님의 능력을 믿고 기다리며 그것을 위해 주님께서 내게 명령하신 일들을 하고 기다려야 합니다. 현대인들에게 가장 힘든 일이 아마 '기다림'일 것입니다. 오죽하면 교회에서 성도님들이 성급하고 완악한 자신들의 모습을 바꿔달라고 주님께 기도할 때 "아버지, 저에게 인내를 주시옵소서, 지금! 당장!!"하며 부르짖는다고 자조 섞인 목소리로 목회자들이 말씀하시겠습니까? 이런 우리의 모습이기에 부모인 우리 삶 속에서 인내가 주는 열매를 맛볼 수 없다면 자녀들은 인내의 씨앗조차 심을 수 없게 됩니다.

성경에서 노아를 빼놓고는 인내를 대표하는 믿음의 인물을 논할 수 없습니다. 노아는 주님 보시기에 의로운 사람이었습니다. 당시 사람들이 워낙 악했기 때문에 하나님께서는 사람을 지으신 것을 후회하시면서 홍수를 통해 모든 인간을 멸망시키기로 하셨습니다. 노아와 그 가족만 살리시기로 결정하신 하나님께서는 노아에게 홍수를 대비한 방주를 지으라는 명령을 내리십니다. 노아는 비가 오지 않는 육지, 그것도 산 한가운데에서 배를 만들었고 그러는 동안 장장 120년의 시간이 흘러갑니다.

그런 노아와 노아 가족을 보며 사람들은 모두 미쳤다고 했을 것입니다. 저도 믿음이 없었을 때 대학교 화장실에 붙어 있었던 노아에 대한 만화를 보며, 비가 올 리가 없는 곳에서 방주를 짓는 노아와 가족들을 경멸했던 사람들의 모습에 동의의 한 표를 던지기도 했습니다. 이런 뭐 말도 안 되는 이야기가 있나 하고 말입니다. 그때 저는 눈이 있어도 볼 수 없었고 귀가 있어도 들을 수 없었던 그야말로 길가 같은 마음 밭을 가지고 있었고, 그런 제게는 주님께서 노아 이야기를 통해 말씀하시는 복음이 숨겨진 비밀이었던 것입니다.

그러나 이제 주님의 주권적인 선택과 한없이 크신 은혜로 영적 눈이 뜨이고 귀가 열리고 마음 밭이 갈리는 저는 노아를 보면서 엄청난 울림을 느낍니다. '그 오랜 기간의 비난을 어떻게 참아냈을까. 심지어 비가 오기 전에 방주에 들어가라고 하시는데, 비가 오기 전에 방주 문을 닫으라고 하시는데, 가족들은 어떻게 설득했을까. 그러다 만에 하나 비가 오지 않았으면 어떻게 됐을까. 비가 진짜 올 거라 믿어졌을까.'

그런데 정말 가족들이 방주에 들어가고 주님께서 그 문을 닫으시자 사십 주야로 비가 쏟아지기 시작했습니다. 비가 내리는 기간과 그 엄청난 홍수 규모에 그리고 주변에 있던 모든 것이 쓸림에 놀란 것은 잠시이지 않았을까요. 그 후에는 비가 진짜 그칠까가 문제였겠죠. '영원히 배 안에서 살아야 하는 건 아닐까, 육지를 다시 밟을 수는 있을까. 비가 그쳐도 물이 다 빠지기는 할까. 주님이 배 안을 잊어버리시지는 않으실까' 등등. 그 상황 속에서 나올 수밖에 없는 물음에 대한 해답은 의심이 물밀 듯이 밀려오는 상황 속에서 기다릴 수 있는가 하는 '인내'를 통해서만 얻어낼 수 있는 것이었습니다. 결국 그런 인내를 지켜낼 수 있었던 힘은 하나님의 선하심과 그분의 언약의 말씀을 믿는 믿음이었을 것입니다. 그리고 그런 인내함 끝에 노아는 그 아들들과 함께 주님께서 주시는 놀라운 복, 그야말로 생육하고 번성하며 땅에 충만함을 입는 복을 받게 되었습니다.

하나님께서 노아에게 말씀하셨습니다. "너는 아내와 아들들과 며느리들을 데리고 배에서 나오너라. 너와 함께 머물고 있는 각종 생물 즉 새와 짐승과 땅 위에서 기는 모든 것도 배에서 이끌고 나오너라. 그것들이 땅 위에서 활동하며, 알을 까고 새끼를 많이 낳아 땅 위에서 번성할 것이다."

(창세기 8장 15~17절 『쉬운성경』)

하나님이 노아와 그 아들들에게 복을 주시며 그들에게 이르시되

생육하고 번성하여 땅에 충만하라. (창세기 9장 1절)


하나님께서 노아와 그 아들들에게 복을 주시며 말씀하셨습니다.

"자녀를 많이 낳고 번성하여 땅을 채워라." (『쉬운성경』)


뉴질랜드의 국가國歌는 뉴질랜드 원주민인 마오리족의 노래 〈포카레카레아나〉입니다. 우리나라에서는 '비바람이 치던 바다 잔잔해져 오면 오늘 그대 오시려나 저 바다 건너서…'로 알려진 〈연가〉입니다. 많은 사람들이 왜 그런지 하와이 노래로 알고 있습니다만 원곡은 뉴질랜드 마오리의 애절하고 장엄한 노래로 한국전에 참전했던 뉴질랜드 군인에 의해 전해졌다 합니다.

뉴질랜드는 원주민인 '마오리'가 '보통 사람'이고 이주민인 서양인이 '파케하' 즉 '이방인'입니다. 그 둘을 부르는 명칭에서 알 수 있듯이, 뉴질랜드의 원주민 정책은 인접한 거대한 대륙 국가인 오스트레일리아와 완전히 비교가 됩니다. 오스트레일리아는 원주민을 백인에 대하여 심하게 차별했습니다. 심지어 백인과 원주민 사이에서 아이가 태어나면 원주민으로부터 떼내 백인 가정에 강제로 보내 양육시켜, 그 아이들은 스스로를 '잃어버린 세대'라 부르고 있는 잔인한 역사가 있습니다. 그들의 차별과 탄압이 얼마나 심했던지 호주에서는 'Sorry Day'를 지정해놓고 지금까지도 그날에는 전 국민이 대대적으로 원주민들에게 "미안하다"라고 합니다. 그에 비해 뉴질랜드는

마오리족의 노래를 국가로 정해 부르기도 하고, 뉴질랜드의 대표적인 럭비 팀으로 국민의 영웅인 'All Blacks'는 경기를 치르기 전 마오리족의 춤인 하카를 추기도 합니다. 뉴질랜드는 그러한 모습에서 추측할 수 있듯 인종 차별이 적어 유학이나 이민을 꿈꾸는 사람들에게 대외적으로도 좋은 인상을 주고 있습니다.

그들이 그런 모습을 가질 수 있었던 것은 수년간에 걸쳐 마오리족으로부터 협상을 이끌어냈던 한 사람의 인내와 그것에 협조한 사람들의 합력함의 힘입니다. 뉴질랜드 영국 주재관으로 왔던 제임스 버스비James Busby, 1801~1871는 파케하 마을 근처 와이탕이에 거주했습니다. 그는 1833년부터 모든 마오리 추장의 집들을 다니며 파케하와의 또는 마오리족들 간의 전쟁을 끝내고 단결하자고 호소하면서 부족의 동맹과 단합을 중재했습니다. 1839년 장장 7년의 인내 끝에 52개 부족 모두의 서명을 받은 결과 1840년 '와이탕이 조약The Treaty of Waitangi'이 체결됩니다.

물론 그것도 완벽한 것이 아니어서 그 후의 조정 과정에서 또 다른 전쟁이 벌어지긴 했습니다. 그러나 와이탕이 조약이 서명된 2월 6일이 뉴질랜드 건국 기념일인 것을 보면 그것이 뉴질랜드 역사상 얼마나 의미가 있는 일인지 알 수 있습니다. 결국 그의 인내가 뉴질랜드를 인종 차별이 적은 국가로 만들어내는 기점이 되었으니, 그야말로 인내하는 자에게 오는 열매가 얼마나 크고 영향이 있는지 보여주는 예입니다.

학습에 집중하게 만드는 동기 중 가장 권장할 만한 것은 시험 문제나 과제를 받았을 때 그것을 해결해나가는 과정에서 희열을 느끼고 그것을 즐기는 것입니다. 그 맛을 한 번 본 아이는 그것 때문에 공부하게 됩니다. 자녀에게 그 맛을 한 번 알게 해주면 그다음부터는 그것을 느끼고 싶은 마음에 부모가 잔소리를 하지 않아도 스스로 공부합니다. 그런 자녀는 시험지를 받았을 때 문제 풀이 방법을 알지 못하는 막막한 기분이 싫어 공부한다고 고백하게 되기도 합니다. 그래서 믿는 부모인 저희는 아이들이 학습에 열중하는 동기 부여를 놓고 기도할 때에도 이런 동기로 아이가 움직일 수 있게 해주시길 주님께 기도해야 합니다. 다른 누군가와 경쟁해서 이기기 위한 것이라든지, 성적을 올리면 돈을 받는다든지 하는 것이 아니라 주님 주신 지혜로 문제를 해결했을 때의 그 기쁨과 성취를 맛보고 싶은 것이 동기가 되어야 하는 것이지요.

인내의 열매를 맛본 사람 또한 마찬가지입니다. 눈물을 흘리며 기도와 섬김의 씨를 뿌리고 참은 뒤에 주님께서 주신 열매의 단맛을 본 사람들은 비록 그곳까지 가는 과정이 무섭도록 아플 것에 겁이 나면서도 그 열매를 생각하면 걸어갈 수밖에 없습니다. 마치 아이를 낳은 엄마들이 출산까지의 과정이 힘겹고 무서운 줄 알면서도, 해산의 고통이 얼마나 급작스러우며 괴로운지 알면서도, 아이라는 거대한 축복의 크기를 알기에 그 과정을 참고 견디며 이겨낼 수 있는 것과 마찬가지입니다.

그런 인내를 통해 하나님께서 주신 열매를 맛본 부모의 특징은 인내의 과정에서 그 믿음의 내공이 커졌기 때문에 어떤 사건을 만나도 넓게 멀리 본다는 점에 있습니다. 그런 부모는 "내일 일은 난 몰라요 하루하루 살아요"라는 찬양 말씀처럼 '내일 걱정은 내일이 하도록' 하루하루 딱 그만큼의 충성으로 감사하며 갑니다. 하지만 그들이 보는 눈은 마치 독수리가 보는 것과 같아서 먼 미래까지 조망하며 지금을 절대 조급하게 생각하지 않습니다. 사람들의 변화를 놓고도 마찬가지로 멀리 길게 넓게 봅니다. 그래서 아이들이 자라나는 모습을 볼 때에도 그 안의 주님께서 불어 넣으신 아름답고 선한 씨의 싹 틔움 때문에 조급해지지 않습니다. 때로는 아이의 더딘 모습에 답답하고 속에서 그야말로 천불이 나도, 아이 앞에서는 온유하게 실수하는 것을 봐주고 기다려주고 격려해주면서 아이 스스로 알아가고 터득할 수 있게 합니다. 부모 안의 그 모든 혈기는 기도하는 중에 주님 앞에 태우면서 말입니다.

저희는 어떤 부모일까요? 아이가 무언가에 집중해서 한 시간이고 두 시간이고 바라보고 있는 것을 기다려줄 수 있는 부모일까요? 그가 깨닫지는 못하지만 기도의 울타리를 둘러주고, 넓고 단단한 그 보호 안에서 방황하는 것들은 넉넉하게 참고 기다려주는 부모일까요? 아니면 우리가 세워놓은 계획에 아이가 맞출 만큼 총명하거나 빠르지 못하다고 깨닫기를 재촉하는 부모일까요? 우리가 정해놓은 이상적인 아이의 상에 그 아이를 맞춰놓고 그렇지 못하면 그것에 맞추도록 마구 채찍질하는 부모일까요?

부모인 우리가 먼저 주님께서 주신 인내의 저울을 잘 통과해야 합니다. 주님으로 채워야 채워질 텅 빈 마음을 채우기 위해서 세상 속에서 소란스럽고 분주하게 무언가를 찾는 것은 이제 그만두어야 합니다. 대신 아무리 세상 일이 바쁘더라도 하나님과의 관계를 제대로 세우기 위한 묵상과 기도 시간을 지켜내고, 예배를 드릴 때마다 신령과 진정을 다함으로써 주님께서 주시는 온전한 회복을 얻어야 합니다. 그러면 텅 빈 마음 때문에 허전하고 조급한 것은 사라질 것입니다. 내가 계획한 대로 시간에 맞추어지지 않는다 하여 원망할 필요도 없어집니다. 그 모든 것은 '주님의 시간에In His Time' 아름답고 완벽하게 변할 테니까요.

우리 아이들 또한 마찬가지입니다. 우리가 주님의 시간이 정확함을 믿을 수밖에 없는 이유는 주님께서는 알파와 오메가이시며 온 우주 공간을, 시간마저 창조하신 분이시기 때문입니다. 인간인 우리는 시간과 공간 속에 제약을 받지만 그 모든 것을 창조하신 그분께는 시간과 공간이 어떤 장애도 되지 않습니다. 그분께는 말씀 그대로 하루가 천 년 같고, 천 년이 하루 같기 때문입니다. 우리의 삶 속에서 주님께서 하시는 일을 볼 수 있음에도 감사하지만 혹 우리의 삶이 지나고 우리 자녀의 삶 속에서 그 일이 성취되어 내가 이 땅에서 살아 있는 동안 보지 못한다 할지라도 그분의 약속하신 모든 것은 가장 완벽한 시간에 아름답게 성취된다는 것을 믿어야 합니다. 그렇기에 믿는 부모인 우리가 자녀를 양육할 때 장착해야 하는 인내야말로 주님께서 기뻐하시는 성품인 것 같습니다.

제 아들이 일곱 살 무렵, 강남에 있는 C. 아쿠아리움에 간 적이 있습니다. 다행히 평일이었고 저는 휴일이었기 때문에 사람들이 많지 않은 상태에서 관람을 했습니다. 그 또래 어린아이가 돌아보기에 꽤 넓은 공간이고 소화하기 힘든 것이 많을 것 같아서 데리고 가면서도 '입장료가 아까우면 어쩌나'하고 걱정했습니다. 모든 부모들이 그렇듯 학습에서 적은 비용으로 고효율을 추구하는 건 저도 마찬가지였으니까요. 그런데 그건 짠순이 엄마의 기우였습니다. 워낙 좋아해서 간 곳이어서인지 이 친구 모든 층 입구부터 출구까지 하나도 빠짐없이 7번을 왕복했습니다. 걷는 걸 좋아하지 않고 구두까지 신어 힘들기 그지없어 관람하는 것을 포기하려고 했던 것은 오히려 제 쪽이었습니다. 하지만 제가 먼저 "그만 보자"라고 이야기하지 않았습니다. 기다려주라고 말씀하신 주님의 음성에 순종해, 계속 읽고 보고 감탄하고 중얼거리면서 머릿속에 다 새겨 넣을 것처럼 다니던 아이 입에서 "이제 됐어요"라는 말이 나올 때까지 끝까지 같이했습니다. 그렇게 다 볼 만큼 보고 할 만큼 다 해서인지 그동안 아쿠아리움에 가자고 틈만 나면 조르던 것이 없어졌고, 무언가 '해양'이라는 또 다른 세계가 이 아이 안에서 세워진 것 같았습니다. 이후에 갈 수 없는 상황이었음에도 전적인 주님의 은혜로 필라델피아와 뉴욕에 다녀올 기회를 열어주셔서 그곳에서도 이 친구가 좋아할 것 같은 아쿠아리움에 간 적이 있습니다. 하지만 미국이라는 완전 새로운 세계를 맛보고 있다 해도 그때 그날처럼 흥미진진하게 온 우주에 대해 다 알고 싶어 하던 눈빛은 아니었습니다. 이전 경험과 비교 정도만 했던 것 같습니다.

아이가 무언가에 집중하는 그 시간은 언제 올지 모릅니다. 그것이 거금을 들인 해외여행뿐만이 아닌 집 앞 놀이터에서 모래 놀이를 하는 중이라 할지라도, 최첨단 학습 교구로 도배된 곳에서의 교사와 함께하는 배움의 장만이 아닌 아이가 자는 방의 한구석 혼자만의 시간에서일지라도 말입니다. 그 모습을 바라볼 때 이미 그 모든 것을 경험해 알고 있는 부모는 인내해야 합니다. 부모가 보기에 지극히 평범하고 지루할 수 있는 그 순간이 내 사랑하는 아이의 우주가 이전과 비교할 수 없을 만큼 넓어지는 순간일지도 모르기 때문입니다.

자녀의 죄의 문제에 관해서도 마찬가지입니다. 설거지를 자주 해보신 분들은 아실 겁니다. 설거지를 효율적으로 잘 하려면 물론 주방 세제가 필수적이긴 하지만 그것보다 더 필요한 것은 물과 시간입니다. 물에 오래 담가두어서 퉁퉁 불게 되면 조금만 닦아도 찌꺼기가 금방 떨어져 나옵니다. 반면에 그걸 공기 중에 그대로 내버려두면 더욱 딱딱해져 웬만한 세제로도 제거할 수가 없습니다. 그때는 철 수세미를 써야 하는데 그러면 십중팔구 그릇에 흠집이 납니다. 우리 자녀들도 마찬가지입니다. 자녀를 주님의 시간 안에서 충분하게 그의 때가 되도록 기다려주어야 합니다. 주님의 시간이 다 차서 죄가 퉁퉁 불었을 때 그때 자녀가 은혜를 입으면 그 죄는 금방 떨어져나갑니다. 하지만 주님의 시간이 아닌 부모의 시간 속에 방치해,

부모가 무언가 자신의 뜻에 따라 그것을 다루려고 하면 그 죄는 더욱 굳어져서 극단적인 방법을 써야만 그 죄가 떨어져나갑니다. 그 과정 속에서 자녀들이 상처를 입는 것은 물론입니다.

그런 영적 깨달음들이 정말 값지기에 저는 기도나 예배 시간에도 그렇지만 설거지를 하면서도 은혜를 많이 받고 주님 음성도 많이 듣는 편입니다. 설거지를 할 때마다 제 죄를 닦고 제 아들과 가족, 제 기도가 필요한 영혼들의 죄를 닦는다고 생각하며 합니다. 그러면 설거지도 그냥 세상의 시간 버리는 소모적인 일이 아닌 주님의 일이 됩니다.

좋은 열매를 맺기 위해서는 작물을 경작하는 농부가 먼저 농사를 잘 하는 사람이 되어야 합니다. 때에 맞춰 물을 주고 때에 맞춰 햇빛을 가려주고 무엇보다 비가 오는 것을 기다리고 열매가 나올 때까지 기다릴 수 있는 사람이 되어야 합니다. 어제 씨를 심어놓고 오늘 안 난다 하여 땅 속에 있는 씨앗 속에서 줄기를 뽑으려 하면 그 씨앗은 반드시 죽고 맙니다.

주님께서 부모인 우리에게 지금까지 인내하시며 삶을 인도해주셨던 것처럼, 우리도 우리의 삶 속에서 그리고 우리 자녀들의 성장 속에서 그를 향하신 주님의 뜻이 이루어지는 시간까지 인내해야 합니다. 그럴 때 주님께서는 세상의 그 어떤 달디 단 열매보다 더 달콤한 인내의 열매를 반드시 맛보게 해주실 것입니다.

너희에게 인내가 필요함은 너희가 하나님의 뜻을 행한 후에

약속하신 것을 받기 위함이라.

(히브리서 10장 36절)


인내를 온전히 이루라 이는 너희로 온전하고 구비하여

조금도 부족함이 없게 하려 함이라.

(야고보서 1장 4절)

# 가정

여호와께서 집을 세우지 아니하시면 세우는 자의 수고가 헛되며
여호와께서 성을 지키지 아니하시면 파수꾼의 깨어있음이 헛되도다
너희가 일찍이 일어나고 늦게 누우며 수고의 떡을 먹음이 헛되도다
그러므로 여호와께서 그의 사랑하시는 자에게는 잠을 주시는도다
보라 자식들은 여호와의 기업이요 태의 열매는 그의 상급이로다

(시편 127편 1절~3절)

내가 돌아본 후에 일어나서 귀족들과 민장들과 남은 백성에게 말하기를
너희는 그들을 두려워하지 말고 지극히 크시고 두려우신 주를 기억하고
너희 형제와 자녀와 아내와 집을 위하여 싸우라 하였느니라.

(느헤미야 4절 14절)

느헤미야는 이스라엘 백성들이 70년간 바벨론의 포로 생활을 마치고 3차에 걸쳐 귀국했을 때 마지막 귀국길의 총 책임자였습니다. 페르시아 왕의 총애를 받았던 술 관원으로 지금 우리 식으로 말하면 고위직 공무원이었습니다. 그런 사람이 자기 조상의 고향 예루살렘 성벽이 무너져 있다는 소식에 마음이 무너져 식음을 전폐하고 그것의 재건을 놓고 기도했습니다. 그 기도를 받아주신 하나님께서는 페르시아 왕의 마음을 움직이셔서 느헤미야를 통해 예루살렘 성벽을 재건할 것을 허락하십니다. 그리고 페르시아 왕은 느헤미야를 유다의 총독으로 임명하여 예루살렘으로 보냅니다.

하지만 예루살렘 성벽을 재건하는 데에는 많은 어려움이 따랐습니다. 정직하고 온전한 느헤미야의 출현은 당시 사마리아나 암몬의 총독으로 착복하고 있었던 산발랏과 도비야 같은 이방인 유지들에게 불안감을 안겨주었습니다. 그래서 느헤미야와 페르시아 왕 사이를 이간질하거나 느헤미야를 살해하려고도 하고, 또는 무력을 이용해서 예루살렘 성벽을 재건하는 이스라엘 백성들을 공격하기도 했습니다. 그럴 때 느헤미야는 무엇보다 예루살렘 성벽 재건이 하나님의 뜻임을 믿고 기도하면서 주님께서 주시는 지혜로, 성벽을 쌓고 적으로부터 백성을 지키는 두 가지 일을 성공적으로 해냅니다.

　하나님께서는 왜 느헤미야를 통해 예루살렘 성벽을 재건하길 원하셨을까요? 예루살렘 성벽이 그들의 삶에 어떤 의미가 있었기에 느헤미야는 그 성벽이 무너져 있다는 소식에 통곡하고 그것을 세우기 위해 목숨을 걸었던 걸까요? 우리 역사에 비유하자면 일제 강점기 일본에서 고위 관리가 된 조선 사람이 한양 도성이 무너져 있다는 소리에 가슴을 쥐어뜯으며 울부짖고 조선에 돌아와 한양 도성을 세운 것과 같은 맥락입니다. 그렇게 생각하면 사실 이해할 수 없는 부분입니다. 결국 이 문제는 역사적 시각이 아닌 영적인 시선으로 보아야 답이 나옵니다.

예루살렘은 다윗에 의해 건설되었고, 솔로몬 시대에 지어진 여호와의 성전이 위치했던 거룩한 도성입니다. 주님의 임재가 있는, 시온이라고도 불리던 성별된 백성들의 터전인 셈입니다. 지금도 이스라엘의 예루살렘은 기독교와 유대교, 이슬람교 세 종교의 성지로서 중요한 의미를 가진 도시입니다. 그 예루살렘을 지키는 성벽은 거룩하지 못한 이방과 주님 자녀들이 거하는 예루살렘을 구별해 주는 경계선이자 보호의 선입니다. 그 성벽이 있음으로 주님의 거룩하신 곳이 세상과 구별되어 유지될 수 있습니다. 그것이 무너졌다는 것은 어쩌면 주님의 자녀로서 구별된 삶을 살아야 하는 이스라엘 백성들의 의무와 책임감의 황폐함을 나타내는 표시일지도 모릅니다. 그렇기에 누구보다도 믿음이 깊었던 느헤미야에게는 성벽을 쌓는 시간이 그동안 이스라엘 백성들의 죄를 돌이키고 다시금 성결된 삶을 살겠다는 결단의 자리였을 것입니다.

우리의 삶에서 가장 기본적인 사회는 가정입니다. 우리가 안전과 평안을 보장받고 싶은 최소이자 최후의 보루인 가정은 주님이 만들어주신 최초의 사회인 부부 관계를 중심으로 피로 연결된 가족들이 만들어낸 사회입니다. 그 형성이 사람을 향한 주님의 사랑으로 시작되었기에 가정은 주님의 거룩한 도성이 되어야 합니다. 그곳을 둘러 싼 성벽이 굳건히 서 다른 위협으로부터 보호되어야 합니다. 그래야 그곳이 세상으로부터 찢기고 힘들고 지친 자녀들이 와서 안전하게 쉴 수 있는 베이스캠프가 될 수 있습니다. 그리고 그 거룩하고 평화로운 가정의 건설은 제일 먼저 믿음이 들어간, 가정이라는 배의 선장인 부모가 주님의 거룩하심과 사랑을 담아 어떻게 성벽을 세우느냐에 승리 여부가 달려 있는 것 같습니다.

주님 뜻을 따르고 주님 일을 하시느라 세상 속에서 전도하시고 선교하시며 맡은 사명을 감당하시는 위대하신 분들이 많습니다. 그런 분들 중 많은 분들이 성령님의 인도하심으로 세상의 빛과 소금이 되어 주님 일들을 해나가십니다. 그렇지만 그렇게 사역장에서 예수님의 사랑을 잘 실천하시는 분들에게도 녹록치 않은 것이 가정에 있는 가족들에게 성결함과 사랑을 실천하는 일인 것 같습니다. 교회에서는 친절하고 은혜 충만한 직분자인 분이 집에만 오면 우울한 엄마나 폭력적인 아버지로 변신하거나, 혈기 충만한 남편으로 혹은 차디 찬 시어머니로 변신하는 모습들을 정말 많이 볼 수 있으니 말입니다.

왜 그런지 아십니까? 어느 드라마에서 가사 노동에 대해 이야기했던 것처럼 '해도 티 안 나고, 안 하면 티 나는' 섬김이 가정에서의 섬김이기에, 다른 사역지에서처럼 가족 구성원을 섬기는 것이 힘들기 때문입니다. 아이들과 남편, 혹 부인은 사랑을 해주고 섬기면 당연하게 받기만 하면서 감사한지 알지 못하고, 다른 그럴듯한 것으로 인해 자신들이 기쁘다고 생각하기 쉽습니다. 아이들은 연예인이나 게임, 또는 자신이 죽고 못 사는 친구들, 남편은 게임이나 술, 시계, 또는 친구나 등산, 차, 부인은 드라마 속 남자 주인공, 가방, 혹은 친구들과의 수다, 쇼핑 등등으로 말입니다.

그렇지만 가정에서의 섬김과 사랑이 빠지면 가정은 그 '존재 자체'를 위협받게 됩니다. 아이들과 남편, 부인은 외로움 혹은 공포로 인해 가정 밖으로 돌 수밖에 없습니다. 집에 들어가 보호받고 쉬지 못함으로 가정에 들어가고 싶어 하지 않는 구성원들이 생산되는 겁니다. 그렇게 가정에서 보호받지 못하고 내몰린 자녀나 배우자들이 '사랑'을 가장한 위로 하나 때문에 범죄를 저지르기도 하고, 다른 가정을 또 해체로 몰고 가기도 하는 것입니다. 결국 해도 티가 안 나서 '선교'나 '전도'라고 대접 못 받고, 안 하면 너무 티가 나서 그 사회 자체가 해체되는 것. 그래서 정말 하기 힘든 섬김이 가정에서의 섬김입니다.

성경 말씀에 따르면 인류에게 죄를 넣어준 뱀으로 대표되는 사탄은 인간의 최초 사회인 '가정'에 제일 먼저 들어왔습니다. 특히 아담과 하와라는 배우자 사이에 들어왔습니다.

> 하나님께서 말씀하셨습니다. "네가 벌거벗었다고 누가 말해 주었느냐? 내가 먹지 말라고 한 나무 열매를 먹었느냐?" 아담이 대답했습니다. "하나님이 저에게 주신 여자가 그 나무 열매를 줘서 먹었습니다." 여호와 하나님께서 여자에게 말씀하셨습니다. "도대체 네가 무슨 일을 저지른 것이냐?" 여자가 대답했습니다. "뱀이 저를 속였습니다. 그래서 제가 그 열매를 먹었습니다."
>
> (창세기 3장 11절~13절 『쉬운성경』)

사탄의 계략으로 선악과를 먹음으로써 창조주이신 주님을 주인으로 인정하는 '선善'을 파괴해버린 아담과 하와는 죄에 대해 대가를 치르게 됩니다. 여자는 해산하는 고통을 가지게 되었으며 남자를 지배하려고 하지만 남자로부터 다스림을 받게 될 것이고, 남자는 일생동안 노동을 하며 수고하여야만 땅에서 나는 것을 먹고살 수 있게 되었습니다. 그리고 잘못에 대해 서로에게 책임을 전가하면서 벌거벗은 몸을 부끄러워하며 가리고 서로를 소외시켰습니다. 그래서 원래 가장 가깝게 지어진 '뼈 중의 뼈요 살 중의 살'이라 고백할 수 있는 배우자와의 관계가 어긋나서 다른 어떤 관계에서보다 서로 상처를 입힐 수 있는 사이가 되었습니다.

그 이후로부터 지금까지 사탄의 궁극적인 목적은 가정이 생산되지 못하게 하여 "생육하고 번성하라"라고 말씀하신 사람에 대한 하나님의 명령이 이루어지지 못하도록 방해하는 것입니다. 그렇기 때문에 가정에서의 상처는 다른 곳에서 받은 것보다 굉장히 깊게 마련입니다. 뉴스를 통해 보면 가정에서 벌어지는 범죄들은 상상을 초월할 만큼 은밀하면서 잔인한 것들이 많습니다. 게다가 그것이 더욱 무서운 것은 그 같은 상처를 입은 자녀가 치유를 받지 못하면 그대로 자라 자신의 자녀에게 똑같이 그 상처를 대물림한다는 점입니다. 그래서 폭력적인 아빠 밑에서 학대받고 아빠를 미워하며 자란 아들이 나중에 화가 나면 배우자를 때리게 되고, 조울증이 심한 엄마의 밑에서 그 엄마를 미워하며 자란 딸은 나이가 들었을 때 결국 자기가 미워한 그 미움을 자신의 딸로부터 똑같이 받게 됩니다. 몸은 컸지만 그 안에는 여전히 어리고 상처 받은 아이가 있어 그 상처를 의식적이든 무의식적이든 물려주고 있는 겁니다.

이러한 아픔들은 미혼남녀로 하여금 결혼을 더욱 기피하게 만듭니다. 설혹 결혼했다 하더라도 자녀를 낳는 것을 부담스럽게 생각되게 합니다. 자녀를 낳았다 하더라도 하나만 낳아서 최고로 키우겠다고 결심하며, 낳은 자녀가 하나님보다 자기 자신과 세상을 더 사랑하게 합니다. 이 모든 결과는 주님을 주인으로 모시는 믿음의 가정의 멸절입니다. 거룩함과 사랑을 통한 치유만이 이런 모든 것들을 꿰뚫어보면서 상처의 대물림을 끊어버릴 수 있고, 그것을 통해 신앙의 유산을 이을 수 있는 것이니, 그 싸움은 정말 힘이 들 수밖에 없습니다.

그렇기에 기도하며, 믿기 위해 몸부림치며, 복음으로 살아가고자 하는 신앙의 사람들은 이 모든 싸움의 본질을 알고 싸워야 합니다. 물론 가정에서 '우는 사자처럼 다니면서 삼킬 자를 찾고 있는' 사탄들과 그러한 싸움을 하는 것은 많이 버거운 것이 사실입니다. 우리에게 가장 편안해야 할 곳, 또한 최초이자 최후의 안식처인 가정에서 언제나 내 편이라고 생각했던 가족들 안에 있는 악한 것들과의 싸움은 다른 어떤 것들과의 싸움보다 우리에게 큰 상처를 남깁니다.

내게 모든 것을 걸고 살아오신 사랑하는 부모님, 내 모든 것을 희생하고서라도 잘되는 것을 보고 싶은 내 자녀 속에서 그러한 악함을 발견하고 인정하는 것은 정말 아픈 일입니다. 그것에 대한 두려움이 자꾸 밖에서 하는 '전도', 멀리 다른 나라나 다른 민족에게 복음 전하는 것만 '선교'라고 생각하며 가정 사역을 두고 나가고 싶어하는 이유 중 하나가 되게 하는 겁니다. 그러나 우리 가정이 영적으로 바로 서지 못하고서는 전도도 선교도 제대로 될 수가 없습니다. 왜냐하면 우리가 주님의 일을 하는 즉시 그 일을 싫어하는 사탄은 우리가 가장 사랑하는 것을 무너뜨리기 위해 가정을 총공격할 테니까요.

아마도 로마에 대해 배우거나 접했을 때 한 번쯤 들어봤을 인물일 겁니다. 한니발 바르카 Hannibal Barca, 기원전 247~기원전 183 또는 기원전 181 는 북아프리카 카르타고의 군 사령관이었습니다. 아버지는 제1차 포에니 전쟁에서 카르타고의 사령관이었던 하밀카르였습니다. 한니발이 살던 시대는 로마와 카르타고, 헬레니즘 국가들이 지중해 패권을 다투던 시대였습니다. 그의 가장 큰 업적은 아마 제2차 포에니 전쟁의 전략이었을 겁니다. 당시 서지중해의 패권을 둘러싼 로마와 카르타고 사이의 전쟁에서 한니발은 로마가 예상했던 해상 공격 루트 대신, 코끼리를 타고 아프리카로부터 이베리아 반도를 거쳐 피레네 산맥과 알프스 산맥을 넘어 본토인 이탈리아 반도까지 쳐들어가 로마를 경악에 빠트렸습니다. 그 후 15년 동안, 한니발은 세 차례의 큰 전투에서 극적인 승리를 이룬 후에 로마의 동맹 시들을 하나하나 격파하면서 이탈리아 반도 대부분을 점령하기에 이릅니다.

그러나 로마가 자신들의 본토인 북아프리카를 역 침공하자 한니발은 카르타고 본토 방어를 위해 안타깝게도 귀환할 수밖에 없었습니다. 귀국한 한니발은 결국 아프리카 자마 전투에서 스키피오 아프리카누스 Scipio Africanus, 기원전 236~기원전 184 에게 결정적으로 패함으로써 2차 포에니 전쟁은 막을 내렸고, 카르타고는 로마의 허락이 없이는 전쟁을 할 수 없는 나라가 됩니다. 로마는 그 이후 카르타고를 대신하여 서지중해의 패권을 장악하고, 스키피오는 승전한 공로로 '아프리카누스'라는 칭호를 받았습니다. 당시 로마 장군이었던 스키피오는 한니발의 전략을 연구함으로써 로마 최악의 적수였던 한니발을 무찔렀던 겁니다.

2차 포에니 전쟁에서 로마가 카르타고의 한니발을 이길 수 있었던 이유가 무엇일까요? 물론 전쟁에서 패한 패장을 따뜻하게 품은 포용성으로 대표되는 로마의 높은 정치 수준이 그 근본 배경이겠지만, 어쩌면 그 결정적인 이유는 본진을 사수하지 못한 카르타고에게 있을지도 모르겠습니다. 자신들의 고향이 파괴되고 있다는 소식을 들은 한니발은 눈물을 머금고 로마 입성을 목전에 둔 채 후퇴해야만 했고, 결국 카르타고는 로마에게 처참하게 멸망당해 소금까지 뿌려져 농작물조차 자랄 수 없는 황무지가 되는 비운의 도시로 남게 됩니다.

비록 세계사 속의 사건이지만 이것이 주는 영적 교훈의 무게는 매우 무겁습니다. 내가 아무리 세상적으로 잘나가거나 혹은 주님의 일을 잘한다고 할지라도 내 가정을 무너뜨리려고 오는 세력을 이겨내지 못한다면 가정 밖의 일에서 승리하기가 어렵다는 것입니다. 목회자 자녀들이 정말 잘되고 멋지게 자란 분들도 많지만, 그렇지 않고 보통 가정들에 비해 아픔을 겪는 자녀들이 많이 나오기도 하는 것은 그러한 악한 세력의 공격 때문입니다. 그래서 주님께서 가정에서의 주인이 되셔서 그 가정 구성원들 각자각자 부모부터 자녀까지 주님 앞에 온전히 세워지는 것이 주님 일을 하는 데 있어서 가장 중요한 필수적인 부분이 되는 겁니다.

가정에서 예수님의 온전한 사랑과 섬김과 치유함이 넘쳐날 때 자녀들은 교회와 세상에 사랑을 베풀 수 있게 됩니다. 구성원들을 기도와 예배로 말씀으로 세우는 그 싸움에서 반드시 승리해야 가정이 영적으로 세워지고 자녀들이 신앙의 유산을 물려받을 준비가 됩니다. 부모가 하나님 앞에서 자녀들에 관한 모든 것을 내려놓고 그들을 주님께 맡겨드릴 때, 예수님과 같이 십자가에 못 박히는 삶을 살 것을 겸손하게 조용히 매일 무릎으로 다짐할 때, 주님은 자녀와 주변 사람들의 마음을 움직이십니다.

부부 사이의 어긋남이나 상실로 인해 혹은 자녀와의 이별로 인해 이미 깨어진 가정이 있을 것입니다. 그런 가족 구성원들에게 "더 참지 그랬느냐, 더 사랑하지 그랬느냐, 어떠한 과정에 있더라도 끝까지 가야 하지 않았겠느냐"라고 하며 정죄할 수는 없습니다. 적어도 깨어짐으로 인해 아픔을 겪어낸 사람은 그렇게 되지 않기 위해 몸부림을 쳤을 것이고 그 아픔이 몸부림의 결과일 것이기 때문입니다. 그렇기에 내가 그 상황에 있어보지 않은 이상, 두 사람의 관계처럼 살아보지 않은 이상, 그들의 관계에 대해 최선 여부를 물으실 수 있는 분은 그들의 모든 것을 알고 계시는 주님뿐이십니다. 그 어떤 잘 사는 모범적이고 영적인 부부라도 우리 모습처럼 살라고 할 수 없습니다.

이미 깨어진 가정이어도 괜찮습니다. 깨어진 가정에 내가 있다 해도 괜찮습니다. 그 모든 과정을 통해 심지어 그 깨어지는 가정 속에서조차도 사랑을 드러내시고자 하는 주님의 크신 섭리를 깨달으며, 그 상처로부터 치유되고 회복되도록 기도하고 힘쓰면서 주님의 자녀로 당당하게 살면 됩니다. 그 아픔을 통해 나는 더욱 주님 앞에서 겸손하게 낮추시고, 자녀는 더욱 강한 자로 세우실 것을 믿으시고 나아가시면 됩니다.

한 치의 오차도 없으신 완전하신 주님은 무엇보다 나를 주님을 의지하는 자로 만드시기 위해 그 모든 깨어짐의 과정 속에서 일하셨고 또 지금도 회복시켜주시는 일을 하시고 계시기 때문입니다. 내가 그 아픔 속에서 주님께서 쓰시기에 아름다운 모습으로 빚어진다면, 이후 깨어진 가정 속에 있는 자를 만났을 때 나의 아픔을 사용하셔서 그분의 사랑을 그에게 넣으시고 다시금 그러한 복음으로 새 자녀를 찾아내실 것이기 때문입니다. 어떤 사람이든지 주님은 그 안에서 복음이 살아 있을 수 있도록 세상 사람을 깨뜨리시고 무너뜨리시며 그 무너진 곳 위에 반드시 주님의 자녀로 세워내시기 때문입니다. 그러므로 어떤 형태의 가정이든지 가장 중요한 것은 주님의 거룩하심과 섬김과 사랑이 그 성벽으로 온전하게 세워지는 것입니다. 그리고 그것이 자녀들의 삶으로 흘러감으로써 자녀들 또한 자신들의 가정을 그와 같은 모습으로 세워낼 때, 그를 통해 주님의 거룩한 도성은 계속 확장될 것입니다.

저와 아들에게는 각자의 예배 제단이 있습니다. 각자의 방에서 매일매일 예배를 드립니다. 중요한 일이 있을 때에는 각자 주님께 기도하여 응답하심을 듣고 서로에게 말씀하신 것을 맞춰보며 결정합니다. 서로에게 원하는 것이 있을 때에는 말로 하기 전에 먼저 기도를 드려 주님께 허락을 맡습니다. 그리고 주님께서 허락하실 때 같이 가정예배를 드리며 말씀 가운데 깨닫게 해주신 것을 나눕니다. 주일예배에서는 교회에서 주시는 말씀에 비추어 서로 은혜를 나눕니다. 그러다 보니 감사하게도 서로의 주장을 관철하느라 큰 소리를 내는 일이 거의 없습니다. 대신 예배상 앞에서 쏟는 눈물이 더 많고 애끓는 마음으로 통곡하는 소리가 더 많이 날 뿐입니다. 이런 모든 삶은 제가 예배 자리에서 승리하지 못했을 때에는 불가능했던 것이었습니다.

제가 너무나 사랑하던 교단을 떠나기로 결심했던 이유 중 가장 큰 것은 바로 이 아들을 신앙 안에서 키우기 위함이었습니다. 고3 담임 시절 아침 7시부터 밤 11시까지 학교에서 제자들과 생활하며 제자들은 그 진로 문제를 해결해주며 성장시켰습니다. 하지만 정작 그 뒤에서 엄마를 그리워하며 아파하는 제 자녀는 간과하고 있었다는 것을 주님을 만난 뒤 알고 나서는 더 이상 방치해두는 것을 미룰 수가 없었습니다.

그래도 유치원 때까지는 외할머니의 양육으로 해맑고 기쁘게 자랄 수 있었지만 그 이후부터 외할머니에게 이 아이는 버거웠습니다. 고집과 아집이 세고 자신의 생각이 뚜렷한 아이가 하나님 안에서 성장하지 못하면 그 결과는 뻔한 것이었습니다. 그래서 전 학교를 포기할 수밖에 없었습니다. 그리고 그것을 절대 후회하지 않습니다.

아이 하나를 올바르게 키워 신앙의 대를 물려주는 것은 그 어떤 '신이 내린 철밥통 직장'의 돈과 생활과도 바꿀 수 없는 것임을 이제는 알고 있기 때문입니다. 제가 임용고사를 통과하기 위해 얼마나 힘든 길을 걸었는지 아시는 친척 어르신들은 만날 때마다 아쉬움을 표현하십니다. 남들은 못 들어가서 안달인 곳을 제 발로 박차고 나왔음에 말입니다. 하지만 전 그렇게 제 마음을 움직여주신 주님의 은혜에 그저 감사드릴 뿐입니다. 그러지 못했다면 저는 매일매일 드려야 하는 예배에서 지금처럼 승리할 수 없었을 테지요.

저의 예배 제단과 무릎이 견고해지자 아들 또한 그렇게 주님께서 만들어주셨습니다. 수백 년 동안 우상을 숭배해온 가정에서 태어난 아들이 자라나, 우상 앞에 절을 하는 것이 그것을 가정의 평화라는 명목 하에 용인하면서 타협하고 있는 혼합주의가 얼마나 죄악된 것인지 아는 아이가 되어가고 있습니다. 자신이 해야 할 일을 하지 않을 때 혹은 하지 말아야 할 일을 할 때 하나님의 간섭하심을 체험하고, 하나님의 무서움은 세상의 그 어떤 무서움보다 두려운 것임을 생활 속에서 처절하게 깨닫고 주님 음성에 순종하려고 노력하는 아이로 변화되고 있습니다.

물론 아직도 갈 길은 끝이 없습니다. 여전히 그 아이 속에도 제 속에도 매일매일 주님으로부터 멀어지고 싶고 세상에서 원하는 것들을 하고 싶은 육신의 생각들과, 높임 받고 싶은 교만이 꿈틀거리고 있으니 말입니다. 결국 그 모든 싸움의 승리는 천국에 입성할 때 확인될 것입니다. 그럼에도 그러한 믿음의 경주를 하는 아이로 바꾸어주셨다는 것, 엄마에게 잘못한 것을 깨달으면 회개기도부터 먼저 하는 아이로 변화시켜주셨다는 것, 그것에 감사드릴 뿐입니다.

부모가 먼저 가정을 교회와 같이 거룩한 도성으로 만들어낼 때 자녀들 또한 그 안에서 보호받고 양육되면서 자신에게 가정을 허락하셨을 때 배운 대로 실천하게 됩니다. 이 모든 과정이 빵을 부풀게 하는 누룩과 같은 천국의 확장일 것입니다. 가정과 같은 교회, 교회와 같은 가정. 이것이 주님께서 바라시는 교회와 가정의 모습이 아닐까 생각하면서 이 모든 것이 이루어질 그 날을 꿈꿔봅니다.

그러므로 나의 사랑하고 사모하는 형제들,

나의 기쁨이요 면류관인 사랑하는 자들아 이와 같이 주 안에 서라.

(빌립보서 4장 1절)

# 믿음

너희 믿음의 확실함은 불로 연단하여도 없어질 금보다 더 귀하여
예수 그리스도께서 나타나실 때에 칭찬과 영광과 존귀를 얻게 할 것이니라
예수를 너희가 보지 못하였으나 사랑하는도다 이제도 보지 못하나
믿고 말할 수 없는 너희 믿음의 확실함은 불로 연단하여도 없어질 금보다
더 귀하여 예수 그리스도께서 나타나실 때에 칭찬과
영광과 존귀를 얻게 할 것이니라 예수를 너희가 보지 못하였으나
사랑하는도다 이제도 보지 못하나 믿고 말할 수 없는
영광스러운 즐거움으로 기뻐하니 믿음의 결국 곧 영혼의 구원을 받음이라

(베드로전서 1장 7~9절)

보라 그의 마음은 교만하여 그 속에서 정직하지 못하나

의인은 그의 믿음으로 말미암아 살리라.

(하박국 2장 4절)

공동체 성원들 간에 신뢰를 쌓는 연습을 하는 게임이 있습니다. 파트너가 뒤에 서 있고 그에게 등을 돌리고 눕는 것입니다. 파트너를 전적으로 믿지 않는 이상 뒤로 넘어지는 것은 굉장히 힘듭니다. 누웠는데 받쳐주지 않으면 크게 다칠 건 불 보듯 훤하니 말입니다. 어른들이 이 게임을 힘들어하는 데 비해 아이들은 굉장히 쉽게 합니다. 특히 엄마가 뒤에 서 있고 자녀가 눕는 경우 아이들은 무조건 눕습니다. 그것은 엄마에 대해 자신을 놓치지 않을 것이라는 백 퍼센트 믿음이 자녀에게 있기 때문입니다. 이것은 '엄마는 이런 존재다'라고 책에서 배워 머리로 이해한 것이 아닌, 자녀의 삶이 시작될 때부터 함께 엉켜진 존재가 엄마임을 알기에 온 마음으로 믿어 나올 수 있는 행동입니다.

자녀가 부모에 대해 가지는 전적인 신뢰야말로 이해하고 암기해야 살아남을 수 있는 세상 지식의 속성과 비교할 때 가장 기독교적인 마음가짐일지도 모릅니다. 사실 하나님은 사랑이시고 그 사랑은 다른 여타의 어떤 사랑과도 비교할 수 없는 것이지만, '사랑'이라는 것이 보편적으로 지지받는 선한 감정이기 때문에 다른 종교에서도 많이 권면하는 덕목입니다. 그러나 무조건적으로 '믿어야만' 구원을 얻을 수 있다는 정말 단순해 보이지만 실천하기 쉽지 않은 권면은 다른 종교와 비교해 기독교가 뚜렷이 구별되는 지점입니다. 이해할 수 없지만 믿는 것. 더 나아가 이해할 수 없기에 믿는 것. 자녀가 무조건 엄마를 믿는 것처럼 아버지이신 하나님을 믿음으로 그 품에 온전히 나를 던질 수 있는 그 믿음이 기독교인으로서의 우리를 가능하게 합니다.

신약성경의 히브리서 11장은 기독교인들 사이에서 일명 '믿음 장'으로 불립니다. 고린도전서 13장을 '사랑 장'이라고 부르는 것과 함께 말입니다. 그 안에는 그야말로 성경 속 쟁쟁한 믿음의 선진들의 모습들이 하나하나 기록되어 있습니다. 그 장을 여는 첫 두 구절은 '믿음이란 무엇인가?'라는 질문에 대한 답이 되는 말씀입니다.

믿음은 바라는 것들의 실상이요 보이지 않는 것들의 증거니

선진들이 이로써 증거를 얻었느니라. (히브리서 11장 1절~2절)


믿음은 우리가 바라는 것들에 대해서 확신하는 것입니다.

또한 보이지는 않지만 그것이 사실임을 아는 것입니다. (『쉬운성경』)

읽고 묵상하면 할수록 의미심장한 내용입니다. 믿음의 대상이 '보이지 않는데 바라고 있는 것'이라니 말입니다. 보이지 않는 것을 바라고 있지만 그것은 실제의 상이 있고 믿음이 그 증거라고 합니다. 믿음으로 확신하고 사실임을 알기 때문입니다. 그렇기에 믿음은 몽상이나 맹목적 낙관주의나 적극적 사고방식에 의한 자기 확신과는 완전히 다른, 하나님께서 주신 은혜입니다. 보이지 않지만 바라는 실제의 증거. 그것이 믿음입니다. 믿음은 기독교의 경전인 성경의 첫 번째 말씀인 구약성경 창세기 1장 1절에서부터 요구됩니다. 이것을 믿지 않으면 믿음의 눈으로 보아야만 이해되고 삶이 되는 66권 1,189장 31,173절의 성경을 읽어 내려갈 수가 없습니다.

태초에 하나님이 천지를 창조하시니라.(창세기 1장 1절)


이것은 과학적인 근거에 맞추어 이해하는 것이 아닙니다. 어떻게 만드셨는지 어떤 과정이셨는지 그걸 이해하는 것이 아니라 믿는 것입니다. 이게 믿어져야 하나님께서 인간을 창조하시고 죄 지은 인간을 구원하시기 위해 독생자 아들을 아낌없이 내어주셨음이 믿어지고, 독생자 예수 그리스도의 이름을 믿는 모든 자들은 구원을 받고 영생을 얻는다는 것이 믿어지는 것입니다.

이 모든 주님의 구속의 역사가 믿어지면, 말씀으로 천지를 창조하신 주님께서 우리의 삶 속에서 어떻게 천지를 창조하시는지 믿어지고, 그분의 우리를 향하신 뜻이 믿어지고, 우리를 보호하심과 우리에게 역사하시는 모든 것들이 믿어집니다. 그리고 이러한 믿음조차 내가 선택해서 믿겠다고 결심하여 믿는 것이 아닌 그야말로 하나님께서 은혜로 주신 선물이기에, 믿음은 우리가 하나님의 언약으로 맺어진 하나님의 자녀임을 보증합니다. 결국 믿는 부모들에게 있어서 믿음의 대상은 주님의 말씀과 주님의 나라 그 모든 보이지 않는 것이며 그것을 믿는다는 것은 그것이 실제라는 것입니다.

그런 하나님께서 부모인 우리에게 자녀에 관해 약속해주신 말씀, 그 언약의 말씀들이 어찌 거짓일 수 있으며 허상이 될 수 있겠습니까? 저희가 하나님의 능력과 성품과 말씀을 믿는다면 그분의 우리 자녀를 향하신 크신 뜻 또한 믿고 따를 수 있으며, 그것은 그 모든 약속을 뒤흔들 만큼의 큰 어려움 가운데에서도 이겨내게 할 수 있는 절대 힘이 됩니다.

성경 말씀에 '산을 들어 옮기는 믿음'이라는 표현이 있습니다. 귀신이 괴롭히던 아이를 치료하지 못한 제자들이 그를 고치신 예수님께 이유를 묻자 예수님께서 이렇게 말씀하십니다. "믿음이 적기 때문이다. 너희에게 겨자 씨 한 알만큼의 믿음이라도 있다면 산에게 명령하여 여기서 저기로 옮겨지라 하면 옮겨질 것이요 못할 것이 없다"라고 말입니다.

예수님께서 대답해주셨습니다. "너희 믿음이 적어서이다. 내가 너희에게 진정으로 말한다. 너희에게 겨자씨 한 알만 한 믿음이 있으면, 이 산을 향하여

'여기서 저리로 움직여라' 말할 것이다. 그러면 산이 움직일 것이다. 너희가 못할 일이 아무것도 없을 것이다." (마태복음 17장 20절 『쉬운성경』)

어떤 분들은 이 말씀과 '우공이산愚公移山'이 일맥상통한다고 생각하며 믿음을 일종의 노력으로 생각하기도 합니다. 그러나 둘 다 산을 옮기는 것은 같지만 이 둘 사이에는 큰 차이가 있습니다. 우공이산에서는 '사람'이 산을 옮기지만 말씀에서는 '주님'이 옮겨주십니다. 그래서 우공이산에서는 산을 옮긴 우공의 끈기와 인간적인 노력을 높이지만 말씀에서 우리는 그분이 하실 것이라는 믿음밖에는 보여드린 것이 없기에 우리 자신이 높아질 수 없습니다. 오로지 그것을 행하도록 믿음을 주신 '주님'을 높이고 영광을 돌려드릴 수밖에 없습니다.

이 말씀의 표현에는 또 큰 영적 비밀이 들어 있습니다. 믿음이 산을 들어 옮길 수 있다면 그 산보다 가벼운 우리의 마음 또한 옮길 수 있다는 것입니다. 제자리에 있지 못한 우리의 마음과 삶을 믿음을 통해 제자리로 옮겨 놓을 수 있다는 것입니다. 믿음은 사실 그 근본은 영적인 영역입니다. 그래서 많은 분들이 믿음을 경건의 훈련과 관련지어 생각합니다. 믿음이 있어야 말씀도 읽어지고 새벽기도에도 출석하고 십일조 생활도 하고 성경공부에 봉사도 할 수 있다고 하지요. 그래서 그런 경건 생활과 관련된 부분에 열심을 내시는 분들을 일명 '믿음 좋은' 분들이라고 표현합니다.

그렇지만 그러한 경건 생활과 함께 내 생활 속에서 일어나는 일들을 믿음과 관련짓지 못할 때가 많습니다. 내가 운전하면서 양보를 하고 안 하고, 회사에서 부당한 대우를 받을 때 참고 참지 않고, 가정에서 자녀들과 대화를 하고 안 하는 이런 부분들은 내 믿음과는 관련이 없는 것처럼 보이는 겁니다. 믿음은 영적인 영역이지만, 그것이 일상생활에서 발현이 되어야 그것이 온전한 믿음이 됩니다. 그리고 그 믿음으로 마음이 움직여지면 일상에서의 내 모습 또한 변할 수밖에 없기 때문에 그러한 믿음이 진짜 믿음입니다. 일상생활 속에서 열매를 맺을 수 있도록 돕기 위해 경건의 훈련 또한 필요한 겁니다.

이 지점에서 승리하지 못하기 때문에 교회 내에서의 모습과 일상의 모습이 천양지차인 교인들이 양산됩니다. 하나님이 날 사랑하신다는 것만 믿지, 그 믿음 주심에 감사하면 어떻게 반응해야 하고 실천해야 하는지 모르는 교인들이 그러합니다. 그래서 권사님 시어머니의 지독한 시집살이로 교회에 절대 안 가겠다는 며느리가 나오고, 교회 주차장만 빠져나가면 소리 지르며 욕하는 교인이 나오고, 혹 알려지면 생활하는 데 제약을 받을까 회사에서 점심시간 식사기도조차 못 하는 'Sunday Christian'이 나오며, 내 돈을 쓰고 내가 희생하면 반드시 내가 높임 받아야 하고 주인공이 되어야 하는, 오히려 믿지 않는 세상 사람보다 낮은 윤리적 기준을 가진 사람들이 나오는 것입니다.

아브라함이 주님 말씀을 믿음은 내가 기대하던 때에 아이가 생기지 않는다 하여 다른 여자에게서 얻으려 하지 않는다는 것입니다. 또한 목숨의 위협을 받아도 내 부인을 다른 남자의 아내로 주지 않는다는 것이기도 합니다. 기근이 들었다 하여 약속된 땅에서 다른 곳으로 이주하지 않는다는 것을 말합니다. 하나님의 말씀을 믿음은 이처럼 내 생활의 선택 하나하나와 밀접한 관련이 있습니다. 물론 아브라함은 믿었지만 실수를 했습니다. 사라의 부탁으로 여종인 하갈을 통해 아들 이스마엘을 얻었습니다. 하나님은 그 연약함을 불쌍히 여기셔서 그에게도 축복하셨지만 그 결과 이삭과 이스마엘 후손들 사이의 첨예한 대립으로 현재까지 지구촌은 그에 대한 불순종의 대가를 아랍권과의 전쟁을 통해 수천 년 동안 치르고 있습니다.

> 이렇게 그의 믿음에는 행함이 함께 따랐으며, 그의 행동으로 믿음이 완전하게 되었습니다. (야고보서 2장 22절 『쉬운성경』)

내가 예수님의 보혈로 깨끗해진 몸으로 주님 거하시는 성전이라는 그 말씀을 믿는다면 내 삶에서 내 몸에 죄를 거하게 만드는 것들을 멀리하게 될 것입니다. 예수님께서 나만이 아닌 나를 아프게 하고 괴롭히는 저 사람을 위해서도 돌아가셨다는 것을 믿는다면 그를 미워하지 않고 긍휼한 마음으로 보게 해주시라고 주님의 도우심을 구할 것입니다. 기도와 예배의 중요성을 믿는다면 세상의 그 어떤 생활보다도 가장 기쁘게 그 생활에 참여할 수 있을 것입니다. 구원이 가장 중요한 것임을 믿는다면 내 가족의 돈, 물질, 명예, 여행에 시간과 노력을 쓰기보다 내 가족의 구원을 위한 눈물을 더 많이 흘리게 될 것입니다. 천국과 지옥이 있고 죽은 후에 심판이 있다는 것을 믿는다면 이 땅에서의 삶이 팍팍하고 힘에 부쳐도 그곳을 믿으면서 힘을 얻을 수 있을 것입니다. 자녀의 삶에서 주님이 최우선이 되어야 내 자녀가 복의 자리에 거한다는 것을 믿는다면 무슨 일이 있어도 예배의 자리에 자녀를 부를 것입니다. 자녀를 후에 천국에서 형제자매로 만날 것을 믿는다면 내 자녀의 행동이 마음에 안 든다 하여 함부로 욕하거나 윽박지르거나 손찌검을 하지 못할 것입니다.

술을 먹고 안 먹고, 담배를 피고 안 피고, 힘든 자를 돕고 안 돕고, 시댁 식구나 처가 식구들에게 친절하게 하고 안 하고, 자녀를 존중하고 안 하고, 상사나 부하 직원에게 도움을 주고 안 주고, 때로 그것은 믿음과 아무런 관련이 없다는 생각이 들 것입니다. 그러나 믿음은 마음에서부터 나와 내 행동으로 나타납니다. 그때 마음은 우리가 생각하는 감정과는 다릅니다. 많은 사람들에게 주님께서 마음에 주시는 대로 움직이라고 하면, 내 감정이 슬프고 기쁜 것에 따라 주님의 뜻을 판단합니다만, 성경에서 말씀하시는 마음이란 단지 감정만이 아닌, '감정과 생각과 의지의 중심'을 가리키는 말입니다. 그렇기에 마음이 움직이면 몸이 움직이게 되어 있고, 마음으로 믿으면 몸으로 행하게 되어 있습니다. 믿는다 말로 하면서 그것을 행동하지 못하는 것은 진짜 믿음이 아닌 것입니다. 그와 반대로 무조건 행동한다 하여 그 안에 믿음이 있는 것을 보증하는 것 또한 아닙니다. 그렇기에 믿음은 마음과 행동이 함께 움직여야 합니다.

내 행위는 내 생각의 결과입니다. 내가 사고하는 결과이며 또는 무의식적으로 나를 잡고 있는 그동안 받아왔던 가정과 학교, 사회에서의 교육의 결과입니다. 그렇기 때문에 선택하여 하는 행동은 그 사람의 믿음의 수준을 보여주기에, 우리의 강하고 간절한 믿음은 잘못된 자리에 거하고 있는 우리의 삶을 주님께서 보시기에 거룩하고 성결된 아름다운 자리로 옮겨지게 해주실 것입니다.

어떤 이들은 조롱을 받으며 매를 맞았습니다. 어떤 이들은 묶인 채로 감옥에 끌려갔습니다. 그들은 돌에 맞아 죽었고, 몸이 반으로 잘리기도 하였으며, 칼에 찔려 죽기도 하였습니다. 양과 염소 가죽을 두르고 가난과 고난과 학대를 견뎌야 했습니다. (히브리서 11장 36~37절 『쉬운성경』)

히브리서의 이 부분은 그리스도인들이 로마 제정 하에서 많은 핍박을 받았던 것을 나타내는 말씀입니다. 세계사에서 '팍스 로마나'라 불리던 시기는 로마 역사에서는 최고의 시기였지만 크리스트교도들에게는 핍박의 시기였습니다. 강력한 황제들은 신이 되고자 했기에 당시 여호와만을 유일신으로, 예수님을 그리스도요 살아계신 하나님의 아들로 믿는 믿음을 고백했던 그리스도인들은 모두 국가에 대한 반역자들이었습니다. 그래서 폭군으로 유명한 네로 황제 때

로마에서 일어난 대화재의 책임을 그리스도인들에게 뒤집어 씌워 사형에 처했고 그 외 많은 황제들 또한 그리스도인들을 핍박했습니다. 그리고 신앙을 부정하고 예수를 부인하면 살려주겠다고 회유했습니다.

그 당시 사도 요한의 마지막 제자이자 서머나 교회의 지도자였던 폴리캅<sub>Polycap, 69~155</sub> 또한 신앙 때문에 체포되었습니다. 안토니우스 피우스<sub>Antonius Pius, 86~161</sub> 황제 시대 서머나에서는 피비린내 나는 핍박이 있었습니다. 총독은 그가 존경받는 지도자였기에 그를 살려주고 싶어서 회유했습니다. 총독은 군중으로 가득한 원형경기장에 폴리캅을 세워놓고, "로마 황제에게 제물을 바치고 예수를 저주하면 석방시켜 주겠다"라고 말했습니다. 그러자 폴리캅은 이렇게 대답했다고 합니다. "지금까지 나는 86년 동안 주님을 섬겨왔습니다. 그동안 주님께서는 나를 한 번도 저버리지 않으셨습니다. 그런데 어떻게 나를 구원하신 나의 왕을 배반할 수 있겠습니까? 나는 그리스도인입니다"라고 말입니다.

총독은 맹수들이 그를 찢을 거라며 협박했으나 폴리캅은 맹수를 데려오라고 응수했습니다. 말문이 막힌 총독은 그를 화형대에 세웠고, 관중들은 환호성을 질렀지만, 폴리캅은 두려움 없이 자신의 죽음을 받아달라며 기도했습니다. "오늘 이 순간 나를 귀하게 여기셔서 수많은 순교자들의 반열에 세우시고, 영혼과 육체가 영원한 생명으로 부활하도록 그리스도의 잔에 참여하게 하시니 당신 앞에 기름지고 살진 번제가 되게 하옵소서. 아멘" 죽음 앞에서도 기도하며 처형당하는 모습에 군중은 경악을 금치 못했고 결국 핍박은 중단되었습니다.

지금 우리나라에서는 이렇게 종교를 탄압하지 않습니다. 종교의 자유가 있기에 하나님을 믿는 것에 그 어떤 것도 제약을 받지 않습니다. 그러나 그렇다고 하여 하나님을 믿는 믿음을 부정하라는 암묵적 강요마저 없는 것은 아닙니다. 말씀에 어긋나는 것을 세상의 요구에 맞춰 하도록 강요받을 때, 하나님을 믿는 자라고 선포하면 따돌림을 당하거나 불이익을 당하거나 혹은 행동에 제약을 받거나 하는 방법으로 하나님 믿는 믿음을 부정하게 만드는 그런 일들이 계속적으로 생깁니다. 하나님 음성에 따라 성경 말씀대로 살아가려고 노력하면 '광신도'라고 부르며 적당히 믿으라고 종용합니다. 그것이 현대판 '조용한 핍박'입니다. 믿는 딸이 믿지 않는 가정으로 시집가서 집안에 종교가 둘이면 분란이 생기기에 시집 온 여자는 남편에게 따라야 한다는 어른들의 말씀은 '유교'나 '불교'를 숭상하는 자들에 의한 또 다른 형태의 '고상한 핍박'입니다. 그래서 가정의 평화를 위한다는 명목 하에 제사상을 차리고 그 앞에서 절하고 자신의 자녀가 그 앞에서 무릎을 꿇는 것을 간과합니다. 어떤 분들은 마음으로 믿고 있으니 되는 거 아니냐고 교회에 잘 나가기만 하면 되는 것 아니냐고 합니다만 그것을 가리켜 일명 종교 혼합주의라고 이야기합니다. 주님을 사랑하지만 다른 것도 따르는 그 종교 혼합주의 때문에 유다 왕국은 멸망했습니다.

그렇게 해서 오는 평화는 거짓 평화입니다. 사단에게 승리하신 예수님의 완전하신 평화가 아닌 사단과 협상을 해 소리 나지 않게 미봉책으로 잠시 막아두는 것이기에 반드시 언젠가는 패배하게 되어 있습니다. 나는 겨우 그 믿음을 지킬 수 있을지 모르나 내 자녀에게는 절대로 신앙을 물려줄 수 없는 형태로 말입니다.

물론 믿음이 강하다 하여 기도가 쌓여 있지 않은데도 한 번에 상을 뒤집어엎고 믿지 않는 자들과의 '종교전쟁'을 선포할 수는 없습니다. 그러면 패배할 뿐이지요. 주님께서 그 불신앙의 모임들을 훼파해주시고 주님의 영광만을 드러내시길 기도하면서 한 걸음 한 걸음 나아가고, 그 과정 가운데 인내하며 믿지 않는 자들을 위해 더욱 희생하는 '보이지 않는 전쟁'을 해야 할 것입니다. 우리가 희생하면 주님이 반드시 이루시기에, 그것이 믿는 자들의 소리 없이 막강한 전투 내공입니다.

라합이라는 여인을 아십니까? 이스라엘 백성들이 가나안을 정복할 때 가장 먼저 무너졌던, 사실은 가장 강했던 성 여리고의 기생이었습니다. 어쩌면 그녀는 기생이라는 신분 때문에 여리고에서도 가장 천대받는 자였을 것입니다. 하지만 그녀는 이스라엘 백성들을 인도하신 여호와에 대하여 듣고 그분을 경외하고 믿는 마음이 생겼습니다. 그래서 이스라엘 정탐꾼들이 들어왔을 때 그들을 숨겨주는 대신 자신들의 가족을 여리고성 멸망에서 구원해달라고 부탁했습니다. 그런 그녀의 믿음은 대단한 것이었습니다. 본 것도 체험한 것도 아닌 그저 풍문으로 들은 것에 자신과 자기 가족의 목숨을 맡긴 것입니다. 그 믿음을 주님은 값지게 보셨습니다. 라합은 이후 살몬과 결혼했고 그 사이에서 보아스가 탄생합니다. 보아스는 이방 여인 룻과 결혼하여 오벳을 낳았고 오벳은 이새를, 그리고 이새는 다윗을 낳았으니 결국 믿음으로 라합은 예수님의 족보에 이름을 올리는 여인이 되었습니다. 그야말로 놀라운 은혜가 아닐 수 없습니다.

예수님의 어머니 마리아의 믿음은 어떠했을까요? 마리아는 정혼을 하였으나 아직 남자를 알지 못하던 소녀였습니다. 그런 아이에게 천사 가브리엘이 "성령으로 아들을 잉태한다"라며 고지했을 때 그녀는 주저하지 않고 "주의 계집종이오니 말씀대로 내게 이루어지이다"(누가복음 1장 38절 『개역한글』)라고 고백했습니다. 당시 법에 따르면 그런 순종에 따른 결과는 돌에 맞아 죽는 것이었습니다. 그녀도 분명히 알고 있었을 겁니다. 그럼에도 주저하지 않고 순종한 그 믿음으로 하나님의 아들이신 예수님을 잉태하여 낳게 되는 놀라운 은혜를 입게 되었습니다. 최악의 결과를 생각함에도 "아멘그대로 이루어지이다"이라고 할 수 있는 것. 그것이 믿음입니다.


믿음을 받으면 경외함이 생깁니다. 경외함은 공경—공손히 받들어 모시다—하면서 두려워하는 것입니다. 여기서의 두려움은 우리에게 유익한 두려움입니다. 스스로 존재하는 유일한 존재이시므로 모든 만물이 그로부터 나오는 하나님을 두려워하는 것이기 때문입니다. 그런 하나님의 전지전능하심을 인정하고 그에 비해 한계가 많고 유한한 피조물인 내 연약함을 인정하며 그분을 믿어 그 뜻에 순종하고자 할 때 다른 두려움이 밀려가고 진정한 안식을 얻을 수 있습니다.

그러한 경외함의 반대는 세상의 것에 가치를 두고, 그에 맞추지 못할 것 같기에 가지는 '두려움'입니다. 하나님이 모세에게 말씀하신 것처럼 하나님은 '스스로 있는 자'이십니다. 안타깝게도 현대인들에게 있어 '스스로 있는 자'는 '나'라는 오판 때문에 삶의 최종 목표가 '나를 믿는 것'이 되는 것 같습니다. 그런 나의 위대함을 깨뜨리는 상황을 두려워하기 때문에 모든 일에 완벽함을 기하고 그것이 깨지면 어찌할 수 없는 좌절에 빠지거나 혹은 그런 상황이 오는 것이 두려워 최선을 다하지 않습니다. 그래서 가치 있다고 여기는 사람에게 인정을 받지 못하거나 내가 대접받아야 할 만큼 대접을 못 받는 것을 두려워하고 화를 냅니다. 그런 모든 두려움은 우리의 정당한 가치를 평가받는 데에 무익한 두려움이지만 현재 우리가 가장 많이 가지고 있는 감정입니다. 그리고 이런 두려움은 결국 눈치를 보게 하여 다른 모든 것은 하더라도 행동만은 하지 못하게 합니다. 계속 생각하고 고민하고 걱정하지만 정작 움직이지 못하게 합니다.

그러나 믿음으로 경외함은 우리를 지배하는 이러한 무익한 두려움의 세력을 물리치는 행동을 가능하게 합니다. 열두 해 동안 혈루증을 앓던 여인이 있습니다. 니고데모 복음서에 따르면 그녀가 예수님이 십자가를 지시고 가실 때 땀을 닦아드린 여자와 동일한 베로니카라는 여인이라고 합니다. 12년 동안 출혈을 해왔으니 얼마나 고통이 컸겠습니까? 그것을 고치기 위해 많은 돈을 들였으나 결국 고치지 못하고 가산만 탕진한 여인이었습니다.

그중에는 십이 년 동안이나 혈루증을 앓고 있던 여자가 있었습니다. 의사에게 많은 돈을 썼지만 그 누구도 그 병을 고칠 수가 없었습니다. 그가 예수님 뒤로 와서 옷깃을 만졌습니다. 그러자 즉시 피가 그쳤습니다.

(누가복음 8장 43~44절 『쉬운 성경』)

당시 예수님은 치유의 능력으로 가시는 곳마다 많은 무리들에게 둘러 싸여 계셨습니다. 그런 곳에서 여자가 그것도 혈루증이라는 당시 사람들이 부정하게 여기는 병을 앓고 있던 여자가 그 무리를 뚫고 들어가 엎드렸던 것은 사람의 눈총을 이겨내는 용기와 그분의 옷자락에 손만 대어도 구원을 얻으리라는 믿음이 있었기 때문입니다. 세상 사람들이 본인을 얼마나 손가락질할까 하는 두려움으로 못 움직였던 것이 아니라 예수님께서는 치유해주실 것이라는 그 믿음과 그분에 대한 경외함이 그녀를 움직였고 행동하게 했고, 그녀는 결국 혈루병이 치유되면서 구원을 얻었습니다.

믿음을 얻으면 절대 신뢰하여 순종으로 응답합니다. 하나님의 뜻은 삶의 방향을 결정짓는 최우선의 기준이 되어, 하나님의 명령에 즉각 응답하게 됩니다. 아브라함은 약속이라는 말씀으로만 받고 눈에 보이지 않는 기업을 위해 현재 보이는 소유하고 있는 친척과 재산을 포기했습니다. 복음을 가족이나 재산보다 더 귀한 것으로 여긴 겁니다. 주님을 믿는 성도에게는 그의 삶에서 중대한 결정을 내리게 될 시기들이 반드시 오는데, 그때가 아는 것보다 믿는 것이 더 중요한지 물으시는 때입니다. 그 순간의 순종에서 오는 믿음의 승리는 인간의 승리와 다릅니다. 기적을 낳는 주체가 믿음을 소유한 자가 아닌 하나님이시기 때문입니다. 내 믿음의 분량만큼의 순종에 주님은 응답하시고 역사하십니다. 내가 믿는 만큼 나의 자아가 죽고, 내가 죽는 만큼 주님이 사시기 때문입니다.

이러한 신뢰와 순종은 가난과 고난과 연단이라는 시련을 거치면서 크고 단단해집니다. 그것을 통과해야 머리로만 이해하는 믿음이 아닌 인격적인 믿음으로 변화합니다. '믿음의 주요 온전하게 하시는' 예수님을 끝까지 믿는다면 모든 시련은 우리 믿음을 자라나게 하고 더욱 순종하게 할 것입니다. 믿음이 자라나면 그 모든 시험 끝에 마음이 완고해지고 굳는 것이 아니라 더욱 온유하고 겸손한 사람으로 바뀌어갑니다. 이런 시험 중에 인간에게 주어진 가장 강력하면서도 마지막인 시험은 아마도 '사망'일 것입니다. 인간이 지은 죄로 인해 인간의 삶에 주어진 이 땅에서의 '죽음'은 그래서 인간에게 있어 가장 무서운 존재입니다. 그 어떤 부자요 높은 권세를 가진 자도 죽음 앞에서는 다른 그 어떤 사람과 같습니다. 인간이라면 모두 죽음 앞에서는 겸손할 수밖에 없습니다. 그러나 모든 인간이 피할 수 없는 마지막 시험인 '사망'을 예수님께서는 이기셨습니다.

그리스도께서 약하심으로 십자가에 못 박히셨으나 하나님의 능력으로 살아계시니 우리도 그 안에서 약하나 너희에게 대하여 하나님의 능력으로 그와 함께 살리라. (고린도후서 13장 4절)

그리스도께서는 약하셔서 십자가에 달려 돌아가셨으나, 하나님의 능력으로 살아 계십니다. 우리도 그분 안에서 연약하지만, 여러분을 섬기기 위해 하나님의 능력으로 그리스도와 함께 살 것입니다. (『쉬운성경』)

그렇기에 우리는 예수님을 믿고 그분께 순종함으로 그 사망의 권세에 대해서도 승리할 수 있습니다. 육신의 장막이 무너지고 난 후에도 그 후의 삶에 대한 믿음을 가진 자는 죽음을 두려워하지 않습니다. 또 죽은 후에는 회개의 기회가 없고 죽은 후의 심판을 믿기에 오히려 지금 살고 있는 삶의 순간순간에 대해 두려워할 수 있습니다. 믿는 부모인 우리는 그래서 죽음에 대해서도 다른 사람들과는 다른 자세를 가질 수밖에 없습니다. 미리 죽음에 대한 기도를 쌓아 놓아야 합니다. 주님 일을 하다가 주님께서 "내일 오라" 하시면 평안하게 깨끗하게 오늘 내 삶을 정리하고 후대에게 축복의 말을 다 남긴 후에, 목요일에 멋지게 예수님 손잡고 웃으며 갈 수 있는 그날을 위해 기도해야 합니다. 그래서 어떤 사람의 믿음의 굳셈 정도는 죽음의 순간을 맞는 모습에서 알 수 있다고 말하는 것입니다.

아무리 기도해도 우리는 죽음을 막을 수 없습니다. 마찬가지로 고난과 슬픔과 어려움 또한 막을 수 없습니다. 따라서 슬픔과 어려움에 대한 믿는 부모의 태도는 그것을 막아달라는 것이 아니라, 주님을 신뢰하고 뜻에 순종함으로 감사하게 통과할 수 있는 힘을 주님으로부터 구하는 것입니다. 그래야 고통에서 '나오심으로' 구원받으신 것이 아닌 십자가 죽음의 고통 '안에서' 구원을 받으신 예수님을 닮아갈 수 있습니다. 슬픔과 어려움을 통과하고 있는 사람은 그것을 통과한 자를 알아봅니다. 왜냐하면 이미 통과한 사람은 통과 과정에서 예수님의 흔적을 얻었기 때문입니다. 그것이 없었던 사람은 교만하기 때문에 통과하고 있는 그 사람을 멸시할 수밖에 없고, 그렇다면 그들에게는 구원이 흘러갈 수 없으니 주님이 쓰실 수 없는 그릇입니다.

믿는 부모인 우리가 믿음과 관련되어 정말 주의해야 할 것이 있습니다. 우리는 하나님만 믿어야 합니다. 예수님의 보혈의 공로만 의지해야 합니다. 사람은 사랑할 대상이지 믿는 대상이 아닙니다. 자녀들 또한 마찬가지입니다. 많은 부모님들이 자녀에게 원하는 만큼의 보상을 받지 못할 때 "내가 널 어떻게 키웠는데, 믿는 도끼에 발등 찍혔다"라며 원망을 토로하는 경우가 있습니다. 그것은 믿는 부모님 또한 마찬가지인 것 같습니다.

사람은 주님의 사랑으로 성령님께도 잡히지만 그 죄악 때문에 사단에게도 잡혀 삽니다. 그것은 내가 정말 사랑하는 내 눈에 넣어도 아프지 않을, 내가 대신 죽어줄 수도 있을 것 같은, 다른 사람은 못생겼다 해도 내 눈에는 최고로 예쁘고 착하고 똑똑한 내 자녀 또한 마찬가지입니다. 조변석개하고 일관되지 못한 속성을 가진 자녀를 믿는 것이 아닌, 그 자녀를 잡고 계시는 주님만을 믿을 때 불완전한 내 자녀에게 향하신 주님의 완전하고 크신 뜻과 말씀이 믿어질 때, 주님께서 자녀의 성품과 생활, 그리고 그의 일평생을 책임져주실 것입니다. 그러면 내 자녀를 내 소유물로 여겨 그가 원하지 않는데도 부모인 내가 원하는 것들을 강요하거나 내가 원하는 친구를 사귀도록 강제하여 자녀들에게 상처를 주고, 그것을 따르지 않는다 하여 자녀로부터 상처를 입는 일이 사라질 것입니다.

무엇을 믿고 계십니까? 엄마를 믿고 뒤로 넘어지는 아이처럼 아무런 의심 없이 계산 없이 주님의 말씀을 믿어보시기 바랍니다. 그 따뜻하게 받쳐주시는 손길은 세상 그 어떤 것과도 바꿀 수 없이 평안해서 다른 사람에게도 그 손길을 알려주고 싶은 마음이 내 속에서 불같이 일어나게 될 것입니다. 그 평안을 내 자녀도 맛볼 수 있게 해주고 싶어 저절로 무릎이 꿇어지고 삶 속에서 주님을 주인으로 모시게 될 것입니다. 그리고 그 믿음과 평안은 사랑하는 우리 자녀에게 우리가 남겨줄 수 있는 가장 큰 사랑이요, 유산이 될 것입니다.

너희는 마음에 근심하지 말라. 하나님을 믿으니 또 나를 믿으라.

(요한복음 14장 1절)


평안을 너희에게 끼치노니 곧 나의 평안을 너희에게 주노라.

내가 너희에게 주는 것은 세상이 주는 것과 같지 아니하니라.

너희는 마음에 근심하지도 말고 두려워하지도 말라.

(요한복음 14장 27절)